Ralph Raben
Christine Biermann
In dem Alter noch ein Kind

Ralph Raben
Christine Biermann

In dem Alter
noch ein Kind

Vorteile und Nachteile
später Schwangerschaft

Unseren Töchtern und Söhnen gewidmet:
Benjamin, Til & Marie,
Mia & Jurek.

© 1994 Quadriga Verlag Weinheim, Berlin
3. Auflage 1996
Produktion: WZ Media
Leitung: Werner Waldmann
Redaktion: Elisabeth Meyer zu Stieghorst-Kastrup
Fotografie: Asmus Henkel
Korrektur: Karl Beer
Design und Satz: Bernd Hirschmeier,
Brigitte Hirschmeier
Umschlaggestaltung: Dieter Vollendorf, München
Titelbild: Pablo Picasso, Liegender Akt, 1968. © VG Bildkunst, Bonn, 1993
Druck und buchbinderische Verarbeitung:
Druckhaus Beltz, 69502 Hemsbach
Printed in Germany

ISBN 3–88679–239–0

Inhaltsverzeichnis

Älterwerden galt für Schwangerschaft und Geburt bislang nur als Nachteil und Risiko. Es hat aber oft große Vorteile: soziale Sicherheit, unterstützende Partnerschaft, Lebensklugheit sind alles Dinge, die Frauen beim Kinderkriegen gut gebrauchen können. Und Männer auch. Und ihre Kinder leiden auch nicht gerade darunter. Es gibt immer mehr „späte Kinder".

Wir haben Frauen gefragt: Hier können Sie ihre Antworten lesen. Manche haben sich vorher ein Kind nicht zugetraut. Viele wollten erst fest im Beruf stehen. Andere finden erst spät den richtigen Mann zum Kinderkriegen. Und immer mehr lassen sich scheiden und versuchen es noch einmal – mit Kind.

Wir können nicht wirklich alles planen: Jeder vierten Frau über 35 erfüllt sich der Kinderwunsch nicht so ohne weiteres. Über die seelischen und körperlichen Ursachen berichten wir ausführlich, aber auch über mögliche Behandlungen: Hormone, Akupunktur, Psychotherapie, künstliche Befruchtung.

Marianne, 49, bemerkte ihre „anderen Umstände" erst, als „alles zu spät" war. Dennoch: Von Älteren werden ungeplante Schwangerschaften öfter willkommen geheißen. Mehrere Frauen um die 40, denen es so gegangen ist, berichten, warum.

I. Kapitel
Über manche Vor- und Nachteile des Älterwerdens

Gemischte Gefühle

Wir, die Autoren dieses Buches, haben seit einigen Jahren die 35 überschritten. Bekämen wir ein Kind, so wären wir deshalb „späte Eltern".

Tine ist 39, Gynäkologin, und hat drei Kinder. Ralph ist 46, Gynäkologe, und hat zwei Kinder. Wir haben zwei Mädchen und drei Jungen.

Jeder hat eine Ehescheidung hinter sich, und jetzt leben wir zusammen mit unseren Fünfen, die alle in der Pubertät sind.

Tine hätte gern noch ein Kind: „Ein Kleines, eins zusammen mit Ralph", sagt sie.

„Jetzt noch ein Kind?" Ralph genießt gerade die Ruhe, die nach dem jahrelangen Hin und Her des Familienbruchs in das gemeinsame Leben eingekehrt ist. Er ist zögerlich. Warum?

Nicht, weil er als Gynäkologe jeden Tag mit schwangeren Frauen zu tun hat.

Nicht, weil er bei einer „späten Schwangerschaft" gleich an Behinderung und Geburtskomplikationen denken muß.

Ganz einfach wegen der Unbequemlichkeit, die auf ihn zukäme, hat er Bedenken: „Alles noch mal von vorn?"

Unser Beruf

Tine arbeitet als Frauenärztin mit einer Kollegin in einer Gemeinschaftspraxis. Sie betreut viele schwangere Frauen. Ralph macht das gleiche in einem anderen Stadtteil.

Wir mögen unseren Beruf, in dem wir seit vielen Jahren arbeiten. Unsere zunehmende Berufserfahrung hat uns sicherer und ruhiger im Umgang mit Patientinnen gemacht.

Ralph, 46, Tine, 39, Jurek, 16, Benjamin, 17, Zwillinge Til und Marie, 13, Mia, 15 „Alles noch mal von vorn?"

Nach und nach konnten wir jene „Katastrophenmentalität" ablegen, die fast allen Ärzten in ihren ersten zehn Berufsjahren zu eigen ist.

Damit ist folgendes gemeint: Wenn wir von der Universität kommen, lassen wir uns zu FachärztInnen in Krankenhäusern ausbilden. Wir lernen unseren Beruf an kranken Menschen und lernen wenig über Gesundheit.

Obwohl die meisten Frauen eine normale Schwangerschaft haben und eine normale Geburt, finden Geburten vorwiegend in Krankenhäusern statt.

Wir lernen nicht genug darüber, was alles „normal" ist in einer Schwangerschaft und keiner Behandlung bedarf.

Dazu ein Beispiel aus der Schwangerenberatung: Fast alle schwangeren Frauen haben irgendwann einmal Leibschmerzen und fühlen, daß „der Bauch hart wird". Solche Beschwerden sind meistens normal und bedürfen keiner Behandlung. Sie gehören zur Schwangerschaft. Es sind eben Schwangerschaftswehen.

Die Schmerzen können aber auch das erste Anzeichen für „vorzeitige Wehen" sein. Das ist viel seltener und muß behandelt werden, weil es sonst zu einer Frühgeburt kommt.

Werden die Beschwerden einem Arzt vorgetragen, so muß er als erstes an die Störung denken. So hat er es gelernt. Und weil „Störung" (vorzeitige Wehen) und „Normalzustand" (Schwangerschaftswehen) nicht so leicht auseinander zu halten sind wie rot und grün, wird er lieber behandeln, um sich und die Frau zu beruhigen. Dazu kommt die Angst vor späteren Vorwürfen und Klagen mit Schadenersatzansprüchen. Schnell wird aus normalen Beschwerden eine Krankheit. So machen wir aufgrund unserer anerzogenen „Katastrophenmentalität" hin und wieder aus einer Schwangeren gutmeinend eine Risikoschwangere.

„Ab 35 zu alt? Welches Risiko habe ich denn?"

Weit verbreitet ist die Meinung, daß Frauen ab 35 oder gar 40 zu alt sind, um ein Kind zu bekommen. Jedenfalls hatte sich das in den Herzen und Köpfen vieler Männer und Frauen, Eltern und Großeltern, ÄrztInnen und RatgeberInnen über lange Zeit so festgesetzt.

„Sie sind 32? Da sollten Sie sich beeilen mit dem Kinderkriegen!"

Ratschläge sind nicht immer sanft. Manchmal schaffen sie Klarheit, manchmal sitzen sie aber einfach nur und tun weh. Und oft sind die Rat„schläger" auch wenig kompetent.

„Sind Sie überhaupt kompetent genug?"
„Ich weiß viel zu wenig, als daß ich
inkompetent sein könnte."
(Aus „Schatten und Nebel" von Woody Allen)

Es ist kein Geheimnis, daß die Fruchtbarkeit von Frauen im Laufe des Lebens abnimmt. Mit 20 ist sie eben am größten, und mit 50 Jahren wird kaum noch eine Frau schwanger. Und Ende 30 kann es damit durchaus Probleme geben.

Das sind aber nur allgemeine Aussagen, die für eine einzelne Frau womöglich wenig Bedeutung haben. Wir kennen zahlreiche Frauen, die erst in „späten" Jahren fruchtbar waren, erst, als sie zum Beispiel ein ausgeglichenes Leben hatten.

Es ist auch kein Geheimnis mehr, daß Herz und Seele großen Einfluß darauf haben, ob eine Frau schwanger wird oder nicht. Wie viele werden in jungen Jahren nicht schwanger, geben sich viel Mühe dabei, strengen sich an und dann „klappt es nicht"!

Jahre später – womöglich nach einer Adoption – geht es ganz leicht.

Vor allem kennt unsere Natur nicht diese magischen Grenzen: 30, 35, 40. Aber wir lieben anscheinend solche Zahlen, spielen sie doch auch sonst in unserm Leben eine Rolle: bei Mündigkeit, Geburtstagen, Hochzeitstagen und Jubiläumsfeiern. Wir teilen die fließende Lebenszeit gern in Abschnitte ein.

Obwohl es, wie gesagt, keine wirklichen Grenzen gibt, kreuzen ÄrztInnen im Mutterpaß bei Frauen ab 35 ein Kästchen an, über dem extra „RISIKO" steht. Was es damit auf sich hat, wollen wir im folgenden erklären:

Zwar sind Schwangerschaft und Geburt natürliche Ereignisse, aber in der Natur läuft manchmal, so meinen wir jedenfalls, etwas „schief". Anders ausgedrückt: Wir akzeptieren nicht den natürlichen

Verlauf der Dinge. Alle Schwangeren haben – gleich in welchem Alter – ein gewisses Risiko, daß etwas „schiefläuft". Mit zunehmendem Lebensalter, so haben Medizinstatistiker herausgefunden, nehmen einige Schwangerschaftsstörungen zu. Dabei darf man sich allerdings nur auf neuere Erkenntnisse verlassen, weil sich manches in unserem Lebensstil und vieles in der Geburtsmedizin (Perinatologie) während der letzten 20 Jahren geändert hat: Frauen müssen seltener körperlich schwer arbeiten, haben weniger Schwangerschaften und weniger Geburten in ihrem Leben, bereiten sich besser auf ihre Geburten vor und werden heutzutage zusammen mit ihren Neugeborenen medizinisch erheblich besser versorgt.

Hier nun ein Vergleich solcher Risiken, die bei einer Frau nach 35, die sich ein Kind wünscht, tatsächlich häufiger vorkommen als bei einer viel jüngeren:

1. **Das erste Problem** liegt vor der Schwangerschaft: Die Chance, schwanger zu werden, ist – jedenfalls laut Statistik – geringer. Etwa jede vierte Frau wird damit Probleme haben, wenn sie sich nach 35 für ein Kind entscheidet. Von den jüngeren Frauen hat nur jede siebte Schwierigkeiten damit.

2. **Fehlgeburten (Aborte).** Wenn eine Schwangerschaft zugrunde geht oder „abgeht", bevor das Kind lebensfähig gewesen wäre, erleidet die Frau eine sogenannte Fehlgeburt, einen Abort. Lebensfähigkeit besteht erst nach der 24. Schwangerschaftswoche (im weiteren Text nur noch „Woche" genannt).
Übrigens: Bei dieser Wochen-Rechnung gehen FrauenärztInnen immer vom ersten Tag der letzten Regel aus. Das ist etwas unlogisch – wir wissen das – denn nach dieser Rechnung wäre eine Frau in ihrer „ersten Woche" ja noch gar nicht schwanger. Aber wir bleiben bei dieser Rechnung, weil sie so üblich geworden ist. Wenn, dann passieren Aborte meistens in der frühen Schwangerschaft, vor der 10. Woche. Das Risiko, daß also die Schwangerschaft in einer Fehlgeburt endet, ist mit 40 etwa doppelt so groß wie mit 30.

3. **Geburtsschäden, Behinderungen und Fehlbildungen.** Die meisten Behinderungen von Kindern entstehen durch Geburtsschäden: entweder durch eine viel zu frühe Geburt (Frühgeburt vor der 32. Woche) oder durch eine mißglückte Geburt. Für beides haben Ältere kein höheres Risiko als alle: Sowohl eine ame-

rikanische Untersuchung als auch eine deutsche Studie, beide von 1993, zeigen, daß Kinder von älteren Müttern heutzutage genauso sicher und gesund zur Welt kommen und nicht öfter irgendwelche Störungen haben.

Fehlbildungen treten bei Neugeborenen älterer Mütter häufiger auf. Allerdings nur solche, die auf Chromosomenstörungen beruhen (wie z. B. Trisomie 21 = Down-Syndrom): Das Risiko ist mit 40 etwa zehnmal so hoch (1:90) wie mit 30 Jahren (1:900) und mit 35 etwa 1:400. Da aber von Jahr zu Jahr mehr Frauen wegen ihres Alters eine vorgeburtliche Chromosomenanalyse machen lassen, werden zunehmend mehr Schwangerschaften mit chromosomengestörten Kindern (besser: Feten) abgebrochen und kommen nicht zur Welt. Alle anderen Fehlbildungen sind nicht häufiger.

4. Frauen ab 40 entwickeln in der Schwangerschaft häufiger (etwa jede siebte) einen **zu hohen Blutdruck**. Bei jüngeren ist es nur eine von vierzehn. Weil das Symptom bei den Vorsorgeuntersuchungen erkannt wird, wird es meistens früh genug behandelt. Alle anderen Erkrankungen oder Störungen im Schwangerschaftsverlauf unterscheiden sich nicht von denen jüngerer. Man kann sagen, daß Frauen mit 40 im Vergleich mit ihren damals 40jährigen Großmüttern heutzutage gesünder und „fitter" sind.

5. **Geburt.** Etwa jede vierte Frau ab 35 wird durch **Kaiserschnitt** (Sectio caesarea) entbunden (28 %), bei den jüngeren nur jede siebte (13 %). Begründung: damit das Kind keinen Schaden nimmt. Dabei könnte aber einfach die Angst der GeburtshelferInnen vor dem Alter der Frau und eine stärkere Sorge um das „späte Kind" eine große Rolle spielen.

    Geburtsmediziner sehen bereits selber kritisch ein, daß sie möglicherweise zu häufig „schneiden". Sie beginnen mancherorts, ihre übervorsichtige Taktik zu revidieren.

Wir werden in unserem Buch vor allem medizinische Probleme und Aspekte vor, während und nach einer „späten" Schwangerschaft abhandeln. Die Frage, die wir beantworten wollen, lautet:

„Was ist ab Mitte 30 so besonderes an Kinderwunsch und Kinderkriegen?

Unser Buch soll nicht andere Bücher, die dem allgemeinen Thema „Schwangerschaft und Geburtsvorbereitung" gewidmet sind, ersetzen.

Die vorher genannten fünf Punkte begründen die Sorge mancher Frauen, die sich fragen: „Bin ich nicht schon zu alt? Bis wann ist ein Kind überhaupt noch zu verantworten? Wann wird es zu spät sein?"

Natürlich bleiben weitere, durch Statistik gar nicht zu klärende Fragen, wie: „Werde ich, werden wir, wenn wir 50 sind, genügend körperliche und seelische Kraft aufbringen, die Freude und die Gelassenheit haben, einen 10jährigen Wirbelwind zu bändigen?"

Aus unserer täglichen Erfahrung in der Schwangerenberatung wissen wir, daß nicht nur FrauenärztInnen, sondern auch die Frauen „in dem Alter" selbst ihr Risiko zu hoch einschätzen.

Wir sagen es schon mal vorweg: Die meisten Frauen können auch nach 35 noch schwanger werden. Und sie werden **keine** Fehlgeburt erleiden und **keine** Frühgeburt haben. Sie haben einen **normalen** Blutdruck und erleben eine **normale** Geburt, und sie haben **normalgewichtige** Kinder, die bei der Geburt gesund sind.

Die Erfahrung vieler Hebammen, Geburtsvorbereiterinnen und ÄrztInnen lautet: Gerade die „Reifen" verhalten sich besonders „ordentlich" und stellen sich auf ihre Schwangerschaft ein. Sie geben schnell das Rauchen auf und lassen die alkoholischen Drinks. Sie ernähren sich gesund, bereiten sich auf die Geburt vor und erscheinen regelmäßig in der Vorsorgesprechstunde.

Das hat mittlerweile dazu geführt, daß die, die wegen ihres Alters ein Risikokreuzchen im Mutterpaß haben, genauso häufig gesunde Kinder zur Welt bringen wie alle anderen.

Gerade sie werden medizinisch besonders sorgfältig überwacht, lassen sich gut beraten und werden vielleicht aufmerksamer behandelt.

Keine kleine Minderheit

Mag sein, daß wir mehr auf sie achten, weil wir selber älter geworden sind. Wir haben den Eindruck, daß die Zahl der Frauen, die nach 35 ihr erstes oder noch ein Kind bekommen, seit den 80er Jahren stark zugenommen hat. Die Zahlen der Statistiker bestätigen unser Gefühl und sagen, daß das eine Entwicklung in vielen westlichen Ländern ist.

Jedes dritte Erstgeborene hat eine Mutter über 30. Vor allem sind die, die ihr erstes Kind nach 35 bekommen, keine seltenen Ausnahmen mehr: 50 000 Frauen in der BR Deutschland werden jedes Jahr das erstemal nach ihrem 35. Geburtstag Mutter, rund 10 000 sind bereits über 40. Warum immer mehr?

Einer der Gründe: Die Alterspyramide verändert sich bereits. Über weitere, die mit der Veränderung unseres Lebens zu tun haben, werden wir berichten.

In den vergangenen zehn Jahren haben wir bei unserer Arbeit bewundernd beobachten können, wie gut diese Schwangerschaften und Geburten meistens verlaufen. Aus diesem Erstaunen heraus ist unser Buch entstanden.

Wir haben es geschrieben für Frauen, die sich schon Ende 20 Sorgen machen, weil sie sich „immer noch nicht entschieden" haben, und für die, die uns fragen: „Wie lange habe ich noch Zeit?"

Wir haben es geschrieben für die werdenden Mütter, die sich aufgrund ihres Alters Sorgen über ihr „Risiko" machen. Wir – Autorin und Autor – können ihnen mitteilen, daß wir allen Grund haben, ihnen Mut zu machen für ein Kind *„in dem Alter"*.

Wir haben das alles auch aufgeschrieben für die Partner, Männer, Freunde, Geliebten, Freundinnen und wohlmeinenden Angehörigen jener Frauen, weil sie mit dem, was sie raten und sagen, großen Einfluß nehmen.

Vielen Dank für Ihre Antworten!

Bevor wir klugen Rat geben, wollten wir manches noch einmal genauer wissen, als wir es in der täglichen Sprechstunde erfahren. Daher haben wir mit 22 Frauen und fünf Männern ein längeres Gespräch zu Hause geführt. Die Frauen waren oder sind unsere Patientinnen. Sie haben spät Kinder bekommen oder waren zu der Zeit gerade schwanger. Zwei haben kein Kind. Drei Männer sind späte Väter.

Sehr bereitwillig und offen haben sie uns über ihre Gedanken und Gefühle vor, während und nach der Schwangerschaft erzählt. Zum Beispiel haben uns viele auf die Frage: „War das Kind jetzt geplant oder ist es Ihnen passiert?" ihre widersprüchlichen Gefühle beschrieben. So haben wir mehr als in der täglichen Sprechstunde von manchen Hoffnungen, Zweifeln und Befürchtungen erfahren.

Dafür sind wir ihnen dankbar. Wir danken: Marianne, Andrea, Anna, Astrid, Heike, Christa, Sigrid, Angela, Ute, Marlies, Marion, Waltraut und Waltraud, Daniela, Gesine, Katrin, Hannelore, Cornelia, Linda, Ilona, Irma und Jenny, Paul, Carl und Werner, Stephan und Axel für die Mitarbeit an diesem Buch.

Und das sind die neugierigen Fragen, die wir ihnen gestellt haben:

- Bekommen Sie Ihr erstes Kind? Waren Sie schon einmal schwanger?
- Bekommen Sie es allein oder mit einem Partner?
- War das Kind jetzt geplant oder ist es Ihnen passiert?
- War es schwer, schwanger zu werden? Hatten Sie eine Sterilitätsbehandlung? Haben Sie an Adoption gedacht?
- Warum erst so spät ein Kind?
- Sind Sie selbst auch „spätes Kind"?
- Welche Rolle spielt der Beruf in Ihrem Leben? Wie hat er Ihren Kinderwunsch beeinflußt?
- Und wie soll es weitergehen mit Kind und Beruf?
- Wie haben Sie früher über Kinder und eigene Kinder gedacht?
- Was hat sich in Ihrem Leben geändert, nachdem Sie das Kind bekommen haben, bzw. seitdem Sie schwanger sind?
- Fühlen Sie sich manchmal als alte Mutter?
- Wie ist es mit den Gedanken an später? Mit dem Gedanken, „Wie alt bin ich, wenn mein Kind in die Pubertät kommt?"
- Hätten Sie sich auch früher zugetraut ein Kind großzuziehen?
- Kannten Sie Gedanken wie: „In diese Welt ein Kind?"
- Wie haben Sie gemerkt, daß Sie schwanger sind?
- Wie war das mit den „gemischten Gefühlen", nachdem Sie´s genau wußten? Gedanken an Schwangerschaftsabbruch?
- Wie haben verschiedene Menschen auf die Nachricht reagiert: der Mann, der Freund, die Eltern, Geschwister, Freundinnen, der Chef, der Arzt?
- Wie ist es Ihnen während der Schwangerschaft ergangen? Welche Probleme gab es : Komplikationen, Beschwerden?
- Was war besonders gut?
- Gab es Unterschiede zu früheren Schwangerschaften?
- Was waren Ihre größten Befürchtungen?
- Mit wem konnten Sie darüber sprechen und mit wem nicht?
- Warum haben Sie eine/keine Fruchtwasserpunktion machen lassen? Wie war das?
- War es Ihnen manchmal peinlich, schwanger zu sein?

- Wie haben Sie Ihre Lebensgewohnheiten in der Schwangerschaft geändert: Ernährung, Rauchen, Alkohol, Sport? Und Sex?
- Was hat sich in der Partnerschaft geändert?
- Wie fanden Sie ihren Körper in und nach der Schwangerschaft?
- Wie haben die anderen Kinder auf Ihre Schwangerschaft reagiert?
- Wie sah die Unterstützung durch Freunde, durch die Familie aus?
- Welche Vorstellungen hatten/haben Sie von der Geburt?
- Wonach haben Sie sich die Klinik ausgesucht?
- Welche Wünsche hätten Sie an die GeburtshelferInnen?
- Welche Erinnerungen haben Sie an die Geburt?
- Was hat Sie während der Geburt unterstützt?
- Wie waren die Hebamme, der Arzt, die Ärztin?
- Unterschiede zu früheren Geburten?
- Gab es Reaktionen in der Klinik auf Ihr Alter?
- Und die Zeit danach? Das Stillen?
- Wie war das mit Traurigkeit und Erschöpfung? Und mit dem Sex?
- Wie hat sich das Leben mit dem Kind geändert? Wie geht es mit dem Beruf weiter? Wie findet Ihr Partner das Leben mit Kind?
- Wie reagieren die Geschwister auf das Neue?

„Warum hast du es so eilig?" fragte der Rabbi.
„Ich laufe meiner Lebendigkeit nach", antwortete der
Mann. „Und woher weißt du", sagte der Rabbi,
„daß deine Lebendigkeit vor dir herläuft und du
dich beeilen mußt? Vielleicht ist sie hinter dir
und du brauchst nur innezuhalten."

(Geschichte von Rabbi BEN MEIR aus BERDICHEV)

II. „Warum so spät?"

Erst mal das Leben auf der Reihe haben

Bis zu ihrem 40. Geburtstag war Waltraut noch kinderlos. Jetzt, mit 44, hat sie zwei. „Ob ich mit oder ohne Kinder alt werden wollte, darüber hatte ich bis 36 nicht viel nachgedacht. Ich hatte zwei Abtreibungen: Beim erstenmal studierte ich noch. Da kam ein Kind für mich überhaupt nicht in Frage. Beim zweitenmal konnte ich mir den Mann, mit dem es passierte, nicht als Lebensgefährten und schon gar nicht als Vater meiner Kinder vorstellen.

Mit 37 lernte ich Andreas kennen. Mit ihm war´s anders, aber ich hatte mich auch verändert. Wir redeten auch über Kinder, und irgendwann wollte ich eines. Wenn´s was werden soll, dachte ich, muß ich mich jetzt anstrengen. Sonst fährt der Zug ab. Und außerdem: ‚mit 40 ein Kind? Da gehst du ja schon auf die Rente zu.'"

40 war Waltraut dann tatsächlich, als sie ihren Sohn bekam. Und sie war fast 45, als sie vor sieben Monaten ihre Tochter zur Welt brachte. Ihr Mann Andreas ist 13 Jahre jünger.

Warum bekommen immer mehr Frauen so spät ein Kind? Während unserer Gespräche haben wir drei Gründe häufiger gehört:

1. „Es ist so schwer, den Richtigen (Mann) zu finden!"
2. „Arbeit und Kinder? Eigentlich paßt das nie."
3. „Früher habe ich mir nicht zugetraut, die Verantwortung für ein Kind zu übernehmen."

Darüber wollen wir genauer berichten.

1. „Es ist so schwer, den Richtigen zu finden!"

Heike ist jetzt 27 und hat drei Kinder. Sie und Werner, 27, waren vor neun Jahren, als ihr erstes kam, selbst noch halbe Kinder. „Ich

Waltraut, 44, und Andreas, 31, mit Nico, 4, und Nina, 1/2.
„...mit 40 auf die Rente zu?"

war 18. Wir waren verliebt. Dann ist´s passiert: Abtreiben wollte ich nicht. Jessica kam, und wir sind zusammengeblieben." Ungünstige Aussichten für ein dauerhaftes Zusammenleben! Heike hat sich die Frage, ob Werner wohl der Richtige ist, damals nicht gestellt.

„Die folgenden neun Jahre waren ganz schwer", erzählt uns Heike, „wenig Geld, viel Alkohol".

„Erst jetzt weiß sie, daß ich der Richtige bin", meint Werner, der seinen alten Humor wiedergefunden hat. „Ich hab' mich auch mächtig geändert". Also: Gerade noch einmal gutgegangen! Selten wird aus der ersten großen Liebe „der Mann fürs Leben".

„Ich war ein paarmal verliebt, immer war's heftig, aber auch flüchtig. Eine tolle Zeit. Ich will sie gar nicht missen, obwohl das alles rein liebesmäßig sehr anstrengend war", sagt uns Linda. Sie ist 35 und lebt nach „vielen Versuchen" doch allein, jedenfalls ohne Mann. Linda ist alleinerziehend. Mit dem Mann, von dem ihre einjährige Tochter stammt, wäre sie gern zusammengeblieben. Er aber nicht mit ihr. Trotzdem wollte sie das Kind.
„Er wäre für mich der Richtige gewesen", gesteht sie.

Es gibt Liebesbeziehungen, die bestehen jahrelang, obwohl einer weiß oder beide ahnen, daß der andere „es noch nicht ist". Es gibt Pläne für den Urlaub und für alles Mögliche, aber keinen Trauschein und Kinder schon gar nicht.
Ein typisches Beispiel sind Angela, 38, und Carl, 41. Sie haben sich vor drei Jahren getrennt. Angela ist Ärztin. Sie hat noch kein Kind, will aber eins. Jetzt, im Mai, heiratet sie das erstemal.
„Irgendwann habe ich gewußt, daß es mit Carl nicht mehr geht. Wir waren zehn Jahre zusammen, hatten eine gemeinsame Wohnung und Freunde, und jeder hatte auch noch sein eigenes Leben. Carl war fürsorglich und liebenswert, aber Kinder und Familie wollte er nicht. Er wollte so weiterleben, aber ich nicht. Und so war mir der Weg zu einer Familie abgeschnitten. Das war bitter, aber so war's."
Mittlerweile, drei Jahre später, kann auch Carl sich gut vorstellen, einmal Kinder zu haben. Bis vor wenigen Jahren galt Kinder-

kriegen ihm eher als „milde Form des Irre-Seins". Jedenfalls konnte er – anders als Angela – seine Kinderfrage ohne großes biologisches Risiko auf unbestimmte Zeit vertagen. Jetzt, mit 41 ist es für Carl nicht mehr die Frage, ob Kinder in sein Leben sollen, sondern: mit wem.

Also Carl: die Richtige finden!

Den richtigen Partner für eine („späte") Familie zu finden ist für „späte Männer" einfacher als für „späte Frauen", denn die Kombination älterer Mann mit jüngerer Frau ist immer noch die Regel, ältere Frau mit jüngerem Mann – wie bei Waltraut und Andreas – die Ausnahme. Dazu kommt: Nur rund 10% aller deutschen Frauen, aber immerhin 20% aller deutschen Männer, wollen endgültig ohne Kind ihr Leben verbringen. Kinder sind unbequem. Alle Gründe, die für sie sprechen, sind emotional oder ideell. Unlogisches Resümee eines Vaters (in „Der Spiegel" 20/1993):

„Ja, warum eigentlich Kinder? Sind Hunde nicht
folgsamer, Katzen anschmiegsamer, Kanarienvögel
fröhlicher, Hamster possierlicher, Tanzmäuse
beweglicher, Schildkröten leiser, Meerschweinchen
billiger? Klar. Und deshalb liebe ich meine
Tochter und meinen Sohn."

Wer spät „den Richtigen" findet, hat nicht immer schon lange nach ihm gesucht. Manche Frauen brauchen Jahre und bittere Erfahrungen, um zu wissen, was sie nicht wollen.

Marion mußte 36 werden. Als sie mit uns spricht, ist sie im fünften Monat schwanger: „Ich habe viele Jahre mit einem Mann gelebt, der wollte und wollte kein Kind. Ich hatte zwei Schwangerschaftsabbrüche mit ihm. Dann wußte ich, es geht nicht weiter so.

Der Rat des Frauenarztes: ‚Setzen Sie ihrem Freund die Pistole auf die Brust, mit 35 müssen Sie mit dem Thema Kinderkriegen durch sein', nützte nichts. Ich war 33 und dachte: ‚Jetzt läuft die Zeit ab.' Deshalb ist es wohl so schnell gegangen mit dem Kind, obwohl ich meinen Mann erst sechs Monate kenne."

Marion brauchte nicht noch einmal ein paar Jahre, um zu wis-

sen, daß der Richtige für sie einer ist, der neben der Lust auch die
Last teilen und eine Familie will. Sie haben geheiratet.

„Das Kind soll erst kommen, wenn mein Leben stimmt!" Oder: Vom Streß, nicht schwanger zu werden

Daß ein Zusammenleben zwischen Mann und Frau überhaupt kinderlos bleiben kann und daß wir es völlig normal finden, den Zeitpunkt zu bestimmen, wann unsere Kinder kommen sollen, hat viel
mit Medizin zu tun. Kaum jemand entgeht der Sexualaufklärung.
Von Empfängnisverhütung und Familienplanung hat jeder gehört.
Auch wenn es keine ideale Verhütung gibt, haben Antibabypille
und Gebärmutterspirale uns manches leichter gemacht, als es für
unsere Eltern war. Jedenfalls kam es in deren Leben öfter vor, daß
man heiraten mußte, „weil etwas Kleines unterwegs" war.

> *„Die Angst vor Schwangerschaft war immer da, rund*
> *um die Uhr. Ausgenommen die 5 Tage im Monat, in*
> *denen ich die Regel hatte. Wenn ich an diese Zeit*
> *zurückdenke, fallen mir als Glücksaugenblicke die*
> *ein, wo ich es feucht-warm in meiner Unterhose spür-*
> *te, wo ,die Tante aus Amerika', so nannte man das*
> *damals in meiner Clique, eingetroffen war.*
> *Luftballonleicht war mir dann zumute."* [1]

Heutzutage verhütet über die Hälfte aller Frauen zwischen 20
und 30 mit zuverlässigen Verhütungsmitteln. Und viele gehen ge-
konnt mit dem Diaphragma um oder kennen sich aus mit der Bestimmung der fruchtbaren und unfruchtbaren Tage. Entgegen einem landläufigen Vorurteil müssen wir nach unserer Praxiserfah-
rung jedenfalls feststellen, daß Frauen im Durchschnitt doch recht
sorgfältig verhüten. Die hundertprozentige, die perfekte Verhütung,
existiert ohnehin nur in den Köpfen der Theoretiker. Wir behaupten
mal: Es wird immer ungewollte Schwangerschaften und Schwangerschaftsabbrüche geben.

Dank besserer Verhütung kommen beide Unglücke heute
tatsächlich seltener vor als früher. Dennoch sind sie zu häufig ein

Problem für Frauen. Sie bedeuten immer Schmerzen für Körper und Seele.

Eine der Hauptursachen für diese Unglücke ist zur Zeit eher bei den Männern zu suchen. Die Erfindungen von Pille und Spirale haben deren Sorglosigkeit beim Sex gefördert. Und die Möglichkeit einer Abtreibung nimmt so manchem Mann die Verantwortung für seine Nachlässigkeit ab. Es wird nicht nur Frauen besser gehen, wenn Männer – auch mal ungefragt – Kondome benutzen oder wenn sie lernen, daß es noch andere erquickliche Formen von Geschlechtsverkehr gibt als den Samenerguß in der Scheide. Jedenfalls wäre es sehr männlich, wenn Männer mit ihrer Lust und ihrem Geschlechtsleben verantwortlich umgingen.

Wenn sie sich zum Abbruch ihrer ungewollten Schwangerschaft entschließen, so sind Frauen meistens „klar" mit ihrer Entscheidung. Das ist auch eine Erfahrung unserer Arbeit. „Klar" heißt nicht „glücklich", sondern meint: „Ich will jetzt und unter diesen Umständen kein Kind." Und die meisten fügen hinzu: „Aber später will ich sehr wohl eines."

Sie sind klar und traurig und haben oft genug ein bitteres Gefühl im Herzen, weil sie die Unterstützung des Partners, des Freundes, des Geliebten vermissen.

„Das mußt du entscheiden",

ist ein Männersatz, der sich in so einer Lage zunächst ganz liberal anhört. Er kündigt aber oft vorsichtigen Rückzug an oder meint: „Du trägst die Verantwortung." Von dem unverhohlenen Zwang, den manche Männer in dieser Lage auf ihre Freundinnen ausüben, soll hier gar nicht die Rede sein. Der entschiedene Spruch der Frauenbewegung der 70er Jahre: „Ob Kinder oder keine, entscheiden wir alleine", offenbart auch eine traurige Wahrheit: Es bleibt Frauen oft gar nichts anderes übrig, als allein zu entscheiden.

Wir sind täglich ein- bis zweimal mit dem Problem einer ungewollten Schwangerschaft beschäftigt. Von den sehr jungen Frauen einmal abgesehen, erfahren wir, daß Schwangerschaften häufig auch deshalb abgebrochen werden, weil die Beziehungen zwischen

Mann und Frau schlecht sind. „Schlecht" meint: nicht unterstützend, nicht geduldig, nicht freundlich, nicht rücksichtsvoll, nicht ehrlich, nicht zärtlich, nicht respektvoll, also nicht liebevoll. Kommt es zur ungewollten Schwangerschaft, so gewinnen Frauen spätestens jetzt darüber bittere Klarheit. Sie werden durch den Partner „enttäuscht". Sie trennen sich vom unerwarteten Kind, aber häufig gleichzeitig vom hilf- und lieblosen Mann.

Die Entscheidung zum Schwangerschaftsabbruch treffen diese Frauen aus einem Gefühl der Verantwortung für ihr Leben heraus und nicht aus leichtfertiger Laune. Viele trauen sich das harte Los einer alleinerziehenden Mutter eben nicht zu. „Das Kind soll erst kommen, wenn mein Leben stimmt".

Paare, die in einer liebevollen, unterstützenden Beziehung leben – so scheint es uns –, haben selten einen Schwangerschaftsabbruch nötig. Mag sein, daß solche Beziehungen einfach häufiger sind, wenn Mann und Frau ein paar Jahre älter oder erwachsener sind.

Christel war 35, als sie das erstemal schwanger wurde. „Das war nicht geplant, und ich hatte das nicht gewollt". Sie kannte Philippe, der ein paar Jahre jünger ist, erst ein paar Monate. Beruf, Unabhängigkeit und Freiheit waren bis dahin das Wichtigste in ihrem Leben. Doch Philippes spontane Reaktion: „Laß uns das Kind haben! Aber ich will nicht nur Besuchsvater sein", hatte Christel so beeindruckt, daß sie das Kind gern bekam, ihr erstes. „Seine unerwartet klare Haltung hat mich erstaunt und unterstützt." Aus einem Kind wurden innerhalb von fünf Jahren drei Kinder, alle ungeplant, aber willkommen.

Wir sind noch immer beim Kapitel: „...schwer, den Richtigen zu finden." Das scheint ganz vielen Menschen schwerzufallen. Noch nie haben so viele Menschen allein gelebt, und noch nie waren so viele mit ihrer Lebensform so unzufrieden. Partnersuche per Anzeige und durch Heiratsinstitute, das hat Hochkonjunktur.[2] Und noch schwerer scheint es zu sein, einen Partner für immer zu finden. Ein Drittel aller Eheleute läßt sich ein paar Jahre nach ihrem Treueschwur wieder scheiden: Es ist nicht mehr der Richtige. Ehen

Christel, 40, Philippe, 36, Jara, 4, Hanna, 3, und Marie, 4 Wochen.
Drei Kinder in fünf Jahren – alle ungeplant. In dem Alter!

ohne Trauschein sind auch nicht stabiler. So kommt es, daß nach dem ersten Leben ein neues folgt, meistens mit einem neuen Partner. Ein paar Jahre gehen ins Land. Gab es aus dem ersten Leben Kinder, kommt im zweiten Leben oft noch ein Kind dazu.

„Meine, deine, unsere Kinder"

Axel ist 45. Er hat aus seiner ersten Ehe zwei Söhne, Malte, 17, und Jonas, 13. Seit kurzem ist Axel wieder verheiratet. Denny ist 38. Sie kommt aus Indonesien und hat aus ihrer ersten Ehe Lucy, 14, und Tommy, 12, mitgebracht. Und nun haben sie noch ein Kleines zusammen: Max ist sechs Monate alt. Max war zwar nicht geplant, aber jetzt sind Axel und Denny glücklich, daß er sich als „Rechenfehler" eingeschlichen hat.

„Er ißt und lacht und kackt, und das zu sehen macht mir Freude. Ich hab' viel weniger Angst als früher, daß irgendwas schief geht mit dem Kleinen", sagt Axel. Er findet, daß Denny endlich „die Richtige" ist. „Nach so einer Frau habe ich gesucht."

Wenn Denny und Axel uns von ihrer Familie erzählen, dann sprechen sie jeder von „deinen, meinen und unseren Kindern". Solche Familienkonstruktionen mit Kindern aus verschiedenen Erst-Familien und neuen Kleinkindern sind durch die zunehmend hohe Scheidungsrate keine Seltenheit mehr.

Scheidungen und Trennungen kosten viel: Nicht nur viel Seelenenergie, sondern auch viel Lebenszeit. Stephan ist jetzt 46. Er hat mit Annette einen sechsjährigen Sohn, Daniel und eine vierjährige Tochter, Carolin. Nach zwei Scheidungen und der Trennung von einer langjährigen Lebenspartnerin war er 40, als er – endlich mit der „Richtigen" – das erstemal Vater wurde. Und beim zweitenmal war er bereits 42. Dabei wollte er schon länger ein Familienleben mit Kindern. Aber er ist froh, daß er nicht noch ein paar „geschiedene Kinder" aus seinen früheren Ehen hat. In der ersten Ehe studierte er noch, da ging es nicht. Die zweite Ehe war heftig, wackelig und kurz, so daß an Kinder nicht zu denken war. Und dann wollte er welche. Aber seine junge studentische Lebensgefährtin wollte noch keine. „Erst mit Annette geht alles." Stephan ist keine seltene Ausnahme. Auch Männer werden immer öfter „späte Väter".

2. „Arbeit und Kinder? Eigentlich paßt das nie!"

Die Mehrzahl der Frauen, die nach 35 ihr erstes Kind bekommen, ist beruflich qualifiziert. Man könnte auch sagen: privilegiert. In unseren Gesprächen hatten wir es mehrmals mit Ärztinnen, Journalistinnen, Lehrerinnen und Wissenschaftlerinnen zu tun. Für sie war es selbstverständlich, eine Berufsausbildung abgeschlossen zu haben, dadurch unabhängig zu sein und selbstbewußt das Leben zu gestalten.

Damit verschob sich die Entscheidung, ob ein Kind ins Leben kommen soll, in spätere Lebensjahre.

„Ich habe mein Selbstbewußtsein und meine Identität vor allem über meine Arbeit als Autorin", erzählt uns Marion, die 37 sein wird, wenn sie in einigen Monaten ihr erstes Kind bekommt. „Als ich meinen Kollegen gesagt habe, daß ich schwanger bin, haben die mich erst mal gefragt, ob ich jetzt nur noch Bücher übers Kinderkriegen schreiben wolle. Das fand ich unverschämt. Ich fühlte mich nicht mehr ernst genommen in meinem Beruf, besonders von den männlichen Kollegen."

Auch wenn sie ihre Stellung im Beruf schon gefestigt haben, werden schwangere Berufstätige schnell dem „Nestbau" zugeordnet. Vielen Männern scheint es zu passen, daß sich Kind und Beruf schwer vereinbaren lassen. Die Entscheidung, ob Kind oder Beruf, wird den Frauen gerade von solchen Kollegen und Vorgesetzten abverlangt, für die die traditionellen Rollen (Mann im Beruf, Frau zu Hause und Mutter) noch selbstverständlich sind.

„Kriegen Sie erst mal Ihr Kind, dann werden Sie selbst sehen, daß Sie es nicht schaffen!"

Waltraud M. ist da keine Ausnahme, obwohl sie mit ihrem Beruf als Wirtschaftspolitikerin eine besondere Position innehat. Sie hat mit 45 Jahren, vor ein paar Monaten, ihr erstes Kind bekommen: einen gesunden Sohn. Das größte Problem mit dem Kinderkriegen kam für sie erst nach Schwangerschaft und Geburt. An ihrem ersten Arbeitstag als frische Mutter mußte sie sich von ihrem vorgesetzten

Kollegen, einem höheren Gewerkschaftsfunktionär, den nieder-
schmetternden Satz anhören: „ Weißt du, Waltraud, wir müssen da
mal drüber reden. Das ist jetzt mit dir, so als frischgebackene Mutter, wie soll ich sagen, so wie mit einem Beinamputierten nach einem Arbeitsunfall. Der kann auch nicht einfach wiederkommen in
seinen Betrieb und so tun, als hätte sich nichts geändert und so wei-
termachen wie bisher.“

Diese unglaubliche „Fürsorge“ schockierte Waltraud. Mit diesem Angriff hatte sie nicht gerechnet, sie war verletzt und empört.
Andere waren neidisch und scharf auf ihre Karriere.

„Sie werden es nicht schaffen!“ Diese Vorhersage verunsichert
und verbittert Frauen, die sich gerade von dem alten Rollenver-
ständnis befreit haben, das ihnen von der Mutter oder der Freundin
vorgelebt wird. Ein anderer beliebter Spruch, der sitzt, ist: „Berufstätige Mütter machen beides nur halb – die Arbeit und die Kinder.“

Kinderbetreuungsnotstand

Vor der „Wende“ '89 gab es in beiden deutschen Staaten unterschiedliche Entwicklungen: So waren etwa 95 % aller DDR-Frauen
berufstätig, von denen die meisten auch Kinder hatten. Es war keine
Seltenheit, daß Studentinnen schwanger oder bereits Mutter waren.
Ein breites Angebot von Krippen, Kindergärten und Schulhorten
machte es den Ostfrauen möglich, beides zu haben: Beruf und Kinder.

Wie hoch der Preis für diese Ganztagsbetreuung war, werden
wir erst an den Kindergarten-Kindern von damals sehen, die heute
Eltern werden. Die politische Indoktrination war groß. Bereits
Kleinkinder sollten zu „sozialistischen Persönlichkeiten“ erzogen
werden. Die Alternative privater Kindergärten oder Tagesmütter
gab es kaum.

Die Wiedervereinigung von Ost und West brachte einen spürbaren Abbau dieser Einrichtungen mit sich. Zwangsläufig werden
Frauen aus dieser Doppelrolle entlassen, die zwar sehr belastend
war, ihnen aber auch Selbstbewußtsein und Zufriedenheit gegeben
hat.

In den alten Bundesländern und im wiedervereinigten Deutschland war und ist dieser **„Kinderbetreuungsnotstand“** der Haupt-

grund für den Konflikt zwischen Beruf und Kind. Und auch in anderen westlichen Industrieländern führt der Konflikt dazu, daß Frauen sich immer öfter erst spät, sozusagen „kurz vor Toresschluß", entscheiden, ein Kind zu bekommen. Den Schwedinnen wird es derzeit am wenigsten schwergemacht: Mann oder Frau kann Elternurlaub nehmen, ihren Arbeitsplatz behalten und weiterhin 90 % ihres Gehalts beziehen, bis das Kind drei Jahre alt ist. Nicht aus purer Menschenfreundlichkeit, sondern aus wirtschaftlichen Gründen haben die Schweden das so geregelt. Arbeitnehmerinnen, die häufig am Arbeitsplatz ausfallen, weil sie sich um ihre kleinen Kinder kümmern müssen, mindern den Arbeitserfolg von Betrieben und Behörden erheblich. In manchen Ländern wird den Frauen die Berufstätigkeit dadurch erleichtert, daß die Kinder viele Stunden am Tag in der Schule sind (Ganztagsschule).

Bei uns sind Kindergartenplätze nur für einen kleinen Teil aller Kinder vorhanden. Daher werden Säuglinge schon gleich nach der Geburt für den Kindergarten angemeldet. Und „Krippenplätze", auf die Eltern oder Alleinerziehende angewiesen sind, die voll berufstätig sind, gibt es nur für 5 % aller Kinder. Schon verzichten Paare, die ein Kind erwarten, lieber auf den Trauschein, weil alleinstehende Mütter erheblich bessere Chancen bei der „Krippenplatz-Vergabe" haben. Andere qualitativ gute Betreuungsangebote sind meistens kostspielig und mehr etwas für Gutverdienende. So meinen denn auch 73 % aller deutschen Mütter in Ost und West, daß es bei uns mehr Kinder gäbe, wenn die Betreuung besser organisiert wäre. Das entscheidende Problem ist, den Kinderwunsch mit dem Beruf unter einen Hut zu bringen. „Verflixt noch mal!"

Die Entscheidungsqualen zwischen Kind und Beruf gelassener hinzunehmen fällt Frauen wahrscheinlich leichter, wenn sie schon ein paar Jahre fest im Beruf stehen. Dann sind sie qualifiziert, weniger leicht austauschbar und verdienen besser. Sie sind meistens auch sicherer in ihren Lebensplänen, wissen genauer, was sie wollen und können selbstbewußter dafür eintreten. Ein sehr großer Vorteil für ein Leben mit Kind.

Es ist schon auffällig, daß die meisten Frauen, die spät ein Kind bekommen und berufstätig sind, zu den Besserverdienenden gehören. Der Lebensplan, erst den Beruf zu sichern und dann die Kinder zu bekommen, ist während der letzten zehn Jahre für viele

Frauen attraktiv geworden. Dieses Modell muß gar kein Privileg für Gutsituierte bleiben. Einen Beruf zu haben und auf ein Kind nicht zu verzichten, gehört für die meisten Männer schon lange zu einem normalen Leben.

Daniela ist Frauenärztin. Sie ist 36 und hat gerade eine Tochter zur Welt gebracht: „Für mich war der Beruf zunächst wichtiger. Mit dem Medizinstudium und der Weiterbildung zur Frauenärztin wirst du relativ spät fertig, da bist du schon Anfang 30. Ich wollte erst alles unter ‚Dach und Fach‘ haben. Die vielen Nachtdienste und stressigen Arbeitszeiten – da hätte mir kein Kind reingepaßt. Halbtagsstellen gibt es in unserem Beruf kaum. Und zwischendurch mit Kleinkind aufhören, wollte ich auch nicht. Da habe ich lieber gewartet, obwohl mir auch klar war, daß es mit 35 vielleicht nicht mehr klappt oder sehr lange dauert, bis ich schwanger werde. Ich habe die Pille abgesetzt, als ich wußte, daß ich es mit meiner Facharztprüfung noch schaffe, bevor das Kind geboren wird."

Und beides hat recht schnell geklappt. Schon im September – Kim ist dann 8 Monate alt – wird Daniela in der gerade neu gegründeten Praxis anfangen zu arbeiten. Ein bißchen bang ist ihr davor: „Zwei Neuanfänge auf einmal…" Aber ihr Beruf ist ihr so wichtig, daß sie ihn nach den langen, anstrengenden Ausbildungsjahren nicht vernachlässigen will. Kim wird dann durch eine Tagesmutter betreut werden.

Rabenmütter?

Viele Frauen stehen aber der Entscheidung, ihr Kind schon in den ersten Lebensjahren einem fremden Menschen zu überlassen, ambivalent gegenüber. Auf der einen Seite möchten sie möglichst schnell wieder in den Beruf zurückkehren, andererseits plagt sie das schlechte Gewissen. Überall und ständig lesen und hören wir, wie wichtig für das Kind die Anwesenheit und Zuwendung der Mutter gerade in den ersten Lebensjahren ist. Fremdbetreuung gilt eher als stiefmütterlich und wird als hinderlich für die Entwicklung des Kindes beargwöhnt. Die Untersuchungen von Familienpsychologen zeigen aber, daß seelische Störungen der kindlichen Entwicklung nicht an der Betreuung in einer Babygruppe liegen, sondern an schlechten Familienverhältnissen. Haben Kinder eine sichere Bindung an die Mutter, kann sich auch die Beziehung zu anderen Menschen besser entwickeln. Einmal abgesehen davon, daß es nicht die Mutter sein muß, sondern genauso ein Vater sein darf, wenn er „mütterliche Eigenschaften" wie Freundlichkeit und Zuverlässigkeit mitbringt. Natürlich spielt bei einer „Krippenbetreuung" die Qualität der Einrichtung eine Rolle. Dazu gehört nicht nur der Ausbildungsgrad der BetreuerInnen. Genauso wichtig sind deren Herzenswärme, ihre Freundlichkeit und ihr Humor, sozusagen ihre Freude am Beruf.

Schon die wenigen Frauen, mit denen wir hier Gespräche hatten, zeigen, wie unterschiedlich die Wege sein können, mit Kinderwunsch und Arbeitswelt zurechtzukommen, je nach Situation und eigenem Lebensgefühl. Nie gibt es die perfekte Lösung. Auch eine gut bezahlte Kinderfrau steht nicht rund um die Uhr zur Verfügung. Da springen im „Notfall", bei Krankheit, Großmütter, Freundinnen, Nachbarn und zunehmend auch der Vater ein. Das ist oft ein wackliges System! Aber es scheint leichter zu gehen, wenn die Eltern akzeptieren können, daß das System wacklig und nicht perfekt ist.

Christa ist 39, Assistenzärztin und hat drei Kinder: „Natürlich hatte ich manchmal ein schlechtes Gewissen, als ich meinen Ältesten zu ständig wechselnden Tagesmüttern brachte. In meinem Beruf wollte ich unbedingt weiterarbeiten. Da gab es häufig Tränen auf beiden Seiten. Mit den beiden Kleinen hatte ich später mehr Glück: Nach dem Erziehungsjahr kamen sie in eine Babygruppe. Und ich habe es – schwierig, schwierig – geschafft, eine Halbtagsstelle zu bekommen. So macht die Arbeit Spaß, und ich bin zufrieden und ausgeglichen. Die Zeit, die ich jetzt für die drei habe, nutze ich wahrscheinlich intensiver als manche Hausfrau, die frustriert und genervt von ihren Kindern ist."
Negativ wirkt sich die Berufstätigkeit der Mütter dann auf die Familie aus, wenn diese Frauen durch die Doppelbelastung von Familienpflichten und Berufsaufgaben ständig unter Zeitdruck stehen und alles mit schlechtem Gewissen tun müssen. Die Ursachen liegen allerdings nicht in der Berufstätigkeit, sondern in der mangelnden Unterstützung durch den Partner, im unzureichenden Betreuungsangebot und in der fehlenden Bereitwilligkeit am Arbeitsplatz

(Schichtdienst, Arbeitszeiten, geringe Flexibilität mit Teilzeitarbeit in vielen Betrieben). Allerdings berichten viele Frauen auch über gute Erfahrungen in ihren Betrieben.[3]

Der Personalchef eines Großbetriebes dazu: „In jede Mitarbeiterin haben wir viel an Ausbildung und Einarbeitungszeit investiert. Das ist verlorenes Geld, wenn die Frauen nicht wiederkommen."

Beruf und Arbeit...

Ohne äußeren Druck entschied sich Gesine, ihre berufliche Karriere zu beenden. Gesine arbeitete bis vor zehn Jahren als Biologin am Institut für Meeresbiologie. Sie hatte sich eine begehrte Position erarbeitet. Eine interessante Forschungsreise in die Arktis erwartete sie. Sie war verheiratet und wurde schwanger. Mit 30 kam ihre erste Tochter, und sie hat ohne Bedauern den Beruf aufgegeben. Das Kind war das Wichtigste in ihrem Leben geworden. Inzwischen ist Gesine 43 und erwartet mit ihrem Mann das dritte Baby. In späten Jahren ist es eins, das ihnen „passiert" ist. Während sie uns ihre Geschichte erzählt, erleben wir ihre Heiterkeit und Ausgeglichenheit. Keine Wehmut oder Frustration über ihr Hausfrauendasein. Und für uns leckere Erdbeertorte.

Gesine: „Ich habe lange Zeit intensiv gearbeitet. Das hat mir viel gegeben. Mit den Kindern begann einfach ein neuer Abschnitt in meinem Leben."

Anders ist es Waltraut, 44, ergangen. Sie war bis kurz nach der Geburt ihres ersten Kindes angestellte Journalistin in einem Verlag. Dann kündigte sie ihren Job. Heute ist sie traurig darüber: „Für mich wär's besser gewesen, die Arbeit zu behalten. Der Beruf war bis dahin das Wichtigste in meinem Leben. Jetzt weiß ich nicht, ob ich wieder reinkomme. Da haben jüngere Frauen größere Chancen. Ich stehe mit 44 mitten im Leben und unter dem Erwartungsdruck, auch in meinem Beruf wieder etwas zu leisten. Das macht mich unzufrieden, obwohl ich doch eigentlich glücklich sein kann: Das Leben mit den Kindern und mit meinem Feund ist so gut. Ich glaube, daß jüngere Frauen es damit leichter haben."

Gesine, 43, mit Friederike, zwei Monate und Ilona, 41, mit Lea, acht Monate.
Beide Schulfreundinnen bei Erdbeertorte.

Beruf und Arbeitsplatz sind vielen Frauen so wichtig geworden, daß das Kinderkriegen auf später verschoben wird.

Bei ungewollten Schwangerschaften stellt sich daher oft die Frage: „Und wie geht es mit der Ausbildung, mit der Fortbildung, mit dem Beruf weiter?" Bei der Entscheidung zu einem Schwangerschaftsabbruch kann für die eine der langersehnte Job ausschlaggebend sein, während für die andere gerade ihre Arbeitslosigkeit der Hauptgrund ist. Für Frauen, die ihren Beruf gern haben oder die auf ihn angewiesen sind, bedeutet ein Kind fast immer eine Krisensituation. Nicht nur von einer hörten wir:

„…eigentlich paßt es nie."

Aus Gesprächen in Schwangerschaftskonflikten haben wir den Eindruck, daß die Kinder das wissen. Sie „schleichen" sich ungeplant als „Verhütungsfehler" ein und stellen ihre Eltern vor die Tatsache ihrer beginnenden Existenz. „Da konnte eigentlich nichts passieren": So ist mancher von uns entstanden.

Umgekehrt kann eine berufliche Krise aber geradezu den Wunsch nach einem Kind wachrufen. Wer nach vielen Jahren müde oder „ausgebrannt" in seinem Beruf ist, kennt den Wunsch nach einem anderen Leben: „Soll das jetzt alles gewesen sein?" Und genauso kann eine Arbeitslosigkeit oder die Aussichtslosigkeit auf einen Job den Anstoß zu einer Änderung des Lebensplanes geben. Ein Kind könnte dem Leben wieder einen Sinn geben: „Jetzt – in meinem Alter – würde mir ein Kind gut passen."

3. „Früher habe ich mir ein Kind nicht zugetraut"

Das können viele Frauen, die spät, aber schließlich doch ein Kind bekommen haben, rückblickend gut zugeben. Sie erkennen dabei, wie sie sich im Laufe der Jahre verändert haben.

Ilona, eine Schulfreundin von Gesine, ist 41 Jahre alt. Bis vor zwei Jahren wollte sie kein Kind. Dann ist ihr „eines passiert". Sie kannte ihren Freund noch nicht lange. Und der wollte eigentlich auch keins. Lea ist vor acht Monaten geboren. Sie kräht vergnügt während unseres Gesprächs.

Warum so spät?

„Nach der Scheidung hat mich meine Mutter allein großgezogen. Ich habe gefühlt, daß ich ihr eine Last bin. Und so war ich mir sicher: ‚Kinder sind eine Last.' Die kosten viel Zeit und viel Geld und verursachen nur Entbehrungen. Das hab' ich wirklich gedacht, bis ich Lea kriegte. Falsch ist es ja auch nicht. Aber sie hat mir verschwiegen, daß es 'ne Menge toller Sachen gibt, daß Kinder auch ein großes Glück sind."

Zu der Angst vor den Entbehrungen kam noch eine andere hinzu:

„Ich habe oft gehört, daß ich eine schwere Geburt war. Ich hatte immer Angst vor den Schmerzen und dachte: oh, Gott, das will ich nicht."

So hat sich Lea gleichsam eingeschlichen. Der bangen Zeit sorgenvoller Fragen sind jetzt Wonnemonate gefolgt. Nicht immer, aber immer wonniger.

Ortswechsel

Andrea ist 35. Obwohl sie ein bewegtes Leben hinter sich hat, wirkt sie jünger. Vor acht Monaten hat sie Connor, ihren zweiten Sohn zur Welt gebracht. Andrea ist verheiratet und kann jetzt in Ruhe Hausfrau sein. Ihre Großstadt-Geschichte ist etwas ungewöhnlich, zeigt aber doch, wie sich das Leben wandelt.

„Früher konnte ich einfach nicht Mutter sein, es wäre nicht gegangen." Andrea meint damit ihren „exzessiven Lebensstil" früherer Jahre. Zwischen 17 und 27 spielten zuerst Drogen und dann Männergeschichten die Hauptrollen. Mit 19 war es dann passiert. Sie war heroinabhängig – „Koks und Mandrax kamen dazu" –, und sie wurde schwanger. „Auch in der Schwangerschaft war ich voll drauf". Sie bekam einen Sohn und war „heilfroh, daß er gesund war." Es blieb ihr dann nichts anderes übrig, als ihn in eine Pflegefamilie zu geben. Sie hätte es sich auch im Ernst nicht zugetraut, drogenabhängig, wie sie war, ihrem Sohn das zu geben, was ein

Kind braucht. Auch wenn sie einsieht, daß es richtig war, leidet sie bis heute darunter, daß sie ihr Kind weggegeben hat.

Jetzt ist sie ruhiger und selbstbewußter geworden. Sie braucht die Szene nicht mehr. Nachdem sie clean war, so sagt sie uns, war es „das geilste Gefühl, nicht mehr betäubt zu sein, einfach klar im Kopf."

Mit 34 konnte sie sich endlich ein Kind zutrauen. Sie hat ihren Kopf wieder an der richtigen Stelle, und vor allem hat sie einen Partner, der mit ihr ein „normales" Leben will.

Andrea, 35, mit dem halbjährigen Connor und ihrem Mann Harald, 31.
…ruhiger und selbstbewußter geworden.

„In diese Welt ein Kind?"

Aus ganz anderem Grund hatte Sigrid, die als Journalistin arbeitet, sich bis vor wenigen Jahren ein Kind nicht zugetraut. Sigrid ist jetzt 41 und hat mit ihrem Mann vor sieben Monaten ein Kind adoptiert. Nina ist 2 ½ Jahre alt.

Sigrid wollte ganz entschieden einem Kind diese Welt nicht zumuten, in der es nur von Katastrophen erwartet würde. „Kann man das überhaupt noch verantworten?" Sie war klar mit ihrer Haltung, bis sie Mitte 30 war: „In diese Welt kein Kind!"

Obwohl sie ihr Leben im Griff hatte, in ihrem Beruf erfolgreich war und ein gutes Selbtbewußtsein hatte, traute Sigrid sich, wie sie betont, ein Kind nicht zu: „Ich fühlte mich Kindern maßlos unterlegen, deren Neugierde, deren Lebendigkeit. Ich stellte mir vor, ein Kind würde mich aussaugen. Dem fühlte ich mich nicht gewachsen."

Dabei hätte ihr das Vorbild der Eltern schon Mut machen können: „Da ging es eher gleichberechtigt zu. Meine Mutter war immer berufstätig und gut organisiert. Sie hat das prima gemanagt."

Je näher Sigrid an die „magische Grenze" von 40 kam, desto schwankender wurde sie in ihrer Ablehnung. Ihr Mann wollte sowieso schon länger ein Kind.

Als sie 40 war, adoptierten sie die knapp zweijährige Nina aus einem Heim. „Ich fühlte mich erstaunlich schnell ganz sicher als Mutter. Ich habe jetzt mehr Geduld, mehr Ruhe, mehr Gelassenheit als früher und vor allem mehr Lebenserfahrung."

Und nun mit 41 ist sie das erstemal im Leben schwanger: „Wir haben nicht mehr verhütet, weil sowieso nie was passiert ist." Sigrid ist im fünften Monat, und sie ist seit voriger Woche froh über das Ergebnis der Fruchtwasseruntersuchung. Das Kind darf jetzt kommen, obwohl die Welt – jedenfalls die da draußen – noch genauso katastrophal ist wie vor fünf Jahren.

Hinter vielen Überlegungen und Ambivalenzen – ob Kinder oder keine – verbergen sich letzten Endes auch uneingestandene Ängste, unter anderem davor:
- sich wegen eines Kindes einschränken zu müssen und
- sich endgültig an Mann/Frau und Kind zu binden und damit seine Rolle als Mutter oder Vater festzulegen.

Warum so spät?

Wir haben versucht, drei Antworten auf diese Frage zu geben. Dabei ist uns klar, daß solche Antworten nicht erschöpfend sind. Das richtige Leben ist vielschichtiger und unser Seelenleben windungsreicher als der Verstand. Wenn wir zurückblicken, sehen wir: Wir haben bei weitem nicht das gewollt oder gar geplant, was wir im nachhinein akzeptieren mußten oder erreicht haben. Dennoch planen wir viel. Wir sind es gewohnt zu planen: Wir planen den nächsten Tag, unsere Verabredungen, den nächsten Urlaub, eine Berufsausbildung, eine Karriere, ein Haus zu bauen, unsere Altersversorgung. Unser Terminkalender ist voll. Ein Leben nach Plan, das geht uns oft auch auf die Nerven.

Und was ist nun mit Familienplanung? Anders als für unsere Eltern ist es für uns selbstverständlich geworden, daß wir ein Recht darauf haben: Wir wollen es nicht anderen, nicht dem Staat und auch nicht der Natur überlassen, zu bestimmen, ob wir Kinder, wann wir Kinder und wie viele Kinder wir bekommen. Gewiß, wir planen z.B.: mit 20 lieber noch kein Kind, erst mal etwas vom Leben haben, ein Kind erst, wenn ich etwas geworden bin und nur zusammen mit einem guten Partner.

Wenn Frauen heute 20 sind, denken sie, daß sie den Zeitpunkt des Kinderkriegens bestimmen werden. Jedenfalls wollen die meisten nicht irgendwann von Schwangerschaften überrascht werden.

> *Ja, mach nur einen Plan, sei nur ein großes Licht,*
> *Und mach dann noch 'nen zweiten Plan,*
> *gehn tun sie beide nicht.*
> (Refrain aus einem Gedicht von Bertolt Brecht)

Doch kommt es meistens anders, obwohl wir die technischen Möglichkeiten für Familienplanung und Geburtenregelung haben: Pille, Spirale, Kondome, Diaphragma, natürliche Methoden. Und zur Not: den künstlichen Abbruch einer Schwangerschaft. Von allen Kindern, die bei uns geboren werden, ist nur etwa ein Drittel zu diesem Zeitpunkt geplant gewesen. Ein weiteres Drittel entsteht zwar ungeplant, kommt aber schließlich gewollt und willkommen zur Welt. Und das letzte Drittel wird ungeplant und ungewollt geboren. So ist es, auch wenn viele von diesen Kindern dann von ihren Eltern geliebt werden oder wie Oma Emma, 88, das sagt: „Wenn sie denn da sind, liebt man sie doch."

Familienplanung? Jede sechste Frau bekommt kein Kind, obwohl sie und der Partner sich darum bemühen. Wir machen – wie viele vor uns – die Erfahrung, daß nicht alles nach Plan läuft und daß wir schon gar nicht alles im Griff haben.

Viele junge Frauen wissen gar nicht, ob sie überhaupt und irgendwann unbedingt ein Kind wollen. Und viele „späte Mütter" haben nicht schon mit 23 geplant, ein Kind erst mit 40 zu bekommen. Ein Glück, wenn es dann doch so kam, wie sie es wollten oder akzeptieren konnten.

Frauen wissen, daß ihre biologische Fruchtbarkeit – mitten in ihrem Leben – irgendwann Ende 40 aufhört. Deshalb geraten manche in Zeitnot.

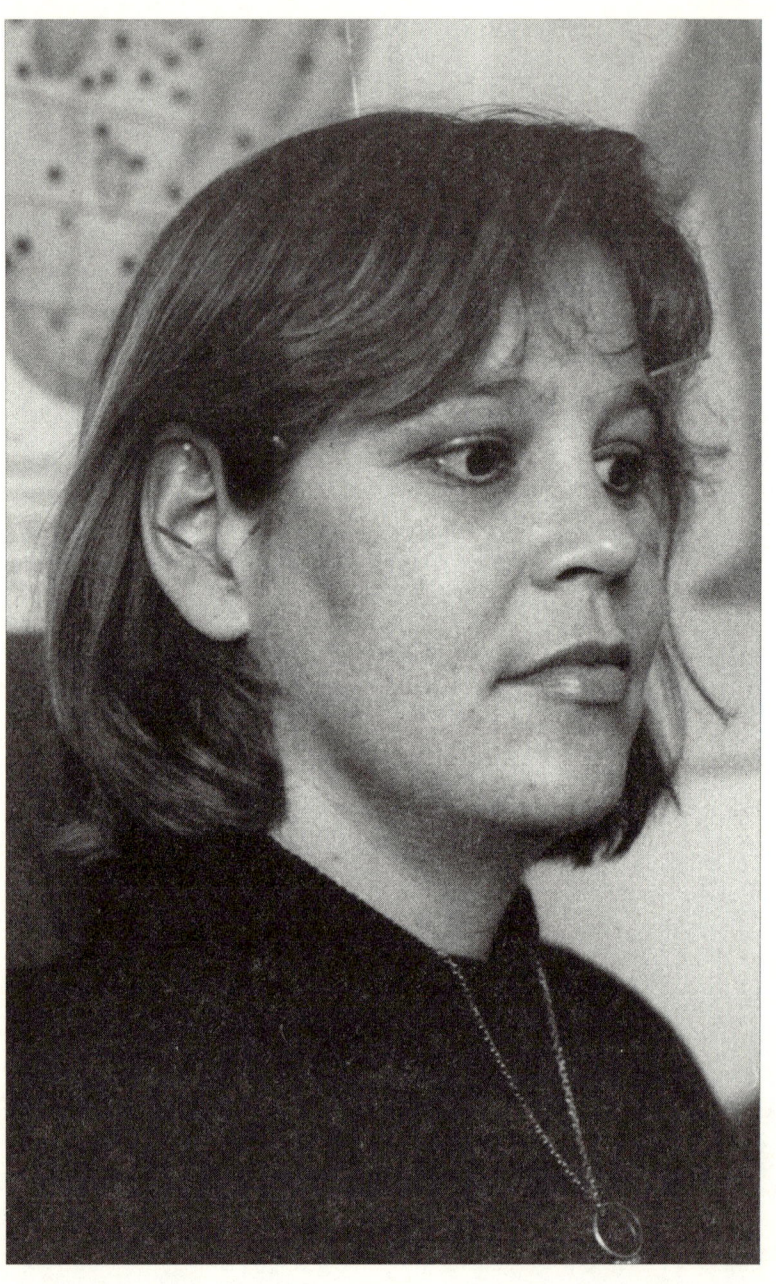

III. Und was ist, wenn es nicht „klappt"? Machen oder kommen lassen?

Nicht immer erfüllt sich der Kinderwunsch

Die von Ihnen, die sich dieses Buch gekauft haben, weil sie bereits schwanger sind und lesen wollen, wie es nun weitergeht, was zu tun und was zu lassen ist, könnten dieses Kapitel überschlagen. Vielleicht sind aber einige von Ihnen erst durch oder nach einer Behandlung schwanger geworden. Dann könnte es Sie doch interessieren. Schon, um zu lesen, ob das, was wir hier schreiben, auch zutrifft.

Vor allem ist das Kapitel für die interessant, die sich fragen: „Wie lange habe ich noch Zeit? Oder ist es schon zu spät?" Sie werden aber ahnen, daß Sie am Ende dieses Kapitels von uns kaum den Rat bekommen werden: „Mit 35 sollten Sie mit dem Thema Kinderkriegen durch sein!"

Und das Kapitel ist für die geschrieben, die mit ihrem späten Kinderwunsch vielleicht ungeduldig geworden sind, weil sich bei ihnen „schon" seit einem halben Jahr immer noch kein Nachwuchs eingestellt hat.

Wechselnde Fruchtbarkeit: mal fruchtbar, mal nicht

„Ich verhüte schon seit mindestens fünf Jahren nicht mehr. Ein Arzt hatte mir gesagt, ich könnte wahrscheinlich keine Kinder kriegen. Jetzt ist es passiert."

Derartiges Erstaunen erleben FrauenärztInnen nicht so selten.

Ohnehin sind die meisten Frauen nicht in jedem Monatszyklus ihres Lebens fruchtbar. Sogar dann nicht, wenn sie in regelmäßigem Rhythmus ihre Regel haben. Schon normalerweise verläuft im Durchschnitt einer von vier Zyklen ohne Eisprung, ist also un-

Susanne, 35, während einer Akupunktursitzung:
„Ich mach' jetzt mal was anderes."

fruchtbar. Und selbst dann, wenn ein Eisprung kommt, entsteht meistens nicht gleich ein Kind. Die Chance, ein Kind zu zeugen, ist selbst zum günstigsten Zeitpunkt, beim Eisprung, nur 25%, also 1:4. Außerdem kann durch unbemerkte, vorüberhende Infekte des Gebärmutterhalses oder nicht spürbare Kontraktionen der Eileitermuskulatur die Fruchtbarkeit eine Zeitlang vermindert oder verhindert sein.

Ebenso ist kein Mann ständig fruchtbar und permanent zeugungsfähig. Die Qualität und Quantität seiner Samenzellbildung schwankt erheblich. Er merkt es nur nicht.

Männer und Frauen machen ahnungslos Zeiten vorübergehender Unfruchtbarkeit durch. Das stört uns meistens gar nicht, weil wir ihn ja nicht ständig haben, den Kinderwunsch. Ganz im Gegenteil: ein- oder zwei- oder dreimal im Leben, wenige öfter. Aber genau dann soll das Kind auch kommen.

Aber selbst wenn es zwischen Ei- und Samenzelle „gefunkt" hat, wenn es zur Befruchtung (Konzeption) gekommen ist, selbst dann nistet sich nur jede dritte befruchtete Eizelle so in die Gebärmutter ein, daß aus dem Zellhaufen eine Schwangerschaft wird. Die anderen „Früchtchen" gehen unbemerkt ab: Vielleicht verzögert sich die Regel um ein paar Tage.

Eine Störung ist das alles nicht, sondern der natürliche Gang der Dinge. Allerdings können, oft unbemerkt, Störfaktoren dazukommen: ein gestreßtes Seelenleben, ein aufreibender Lebens- und Arbeitsrhythmus und – nicht mehr zu übersehen – Giftbelastungen. Sie können unserer Fruchtbarkeit erhebliche Schäden zufügen. Das ist schwer zu akzeptieren.

Von einer Fruchtbarkeitsstörung sprechen ÄrztInnen erst dann, wenn eine Frau nicht schwanger geworden ist, obwohl sie mit einem Partner schon ein Jahr Geschlechtsverkehr ohne Verhütung hat. Die Diagnose für das Paar lautet dann: Verdacht auf Sterilität.

Natürlich hängt das auch davon ab, wie oft und vor allem, wann die beiden zusammen schlafen. Wir haben es erlebt, daß die Wochenend-Kontakte mit dem Partner fast immer in die relativ unfruchtbare Zeit im Zyklus fielen. Kein Wunder, daß kein Kind kam.

Wir sollten schon an dieser Stelle etwas zu den sogenannten fruchtbaren Tagen sagen: Hat eine Frau vorwiegend einen 29-Tage-

Zyklus (alle 29 Tage beginnt ihre Regelblutung), dann ist ihre fruchtbarste Zeit zwischen dem 12. und 14. Zyklustag. Tag 1 ist der erste Tag der Regelblutung. Hat sie meistens einen 31-Tage-Zyklus so ist die günstigste Zeit zwischen dem 14. und 16. Tag. Immer: Zyklusdauer minus 15–17 Tage. Das ist wohl die günstigste, aber sicher nicht die einzig mögliche Zeit. Viele Kinder sind zu ganz anderen Zeiten entstanden.

Welche Chancen habe ich?

Vor allem, wenn Frauen sich erst Ende 30 für ein Kind entscheiden, wollen sie, wenn sich nicht bald Nachwuchs einstellt, meistens kein ganzes Jahr abwarten, ob es doch noch „klappt". Wir wissen alle, daß die statistische Chance, ein Kind zu bekommen, mit zunehmendem Alter, insbesondere nach dem 33. Lebensjahr, abnimmt. Dieses Wissen entspricht der Lebenserfahrung. Es wird durch die Erfahrung von ÄrztInnen und wissenschaftliche Beobachtungen bestätigt.

Die Zahlen, die jetzt folgen, sagen etwas über statistische Chancen, über Wahrscheinlichkeiten, aus. Sie besagen nichts über das tatsächliche Schicksal, nichts über die wirkliche Fruchtbarkeit, nichts über Glück oder Unglück, einer einzelnen Person. Hier also Durchschnittswerte:

Wenn Frauen sich ein Kind wünschen und „regelmäßig" – was immer das heißen mag: zweimal pro Woche, einmal im Monat? – mit einem Mann Verkehr haben, der zu diesem Zeitpunkt tatsächlich zeugungsfähig ist, dann wäre jeweils die Hälfte (50 %) dieser Frauen

im Alter von 30 Jahren schon nach 3–4 Monaten schwanger,
im Alter von 35 Jahren etwa nach 7–8 Monaten schwanger,
im Alter von 38 Jahren erst nach 13–14 Monaten schwanger.

Eine 38jährige Frau müßte also nach der Statistik doppelt solange „probieren" (14 Monate), bis sie schwanger wird wie eine 35jährige (7 Monate), und eine 35jährige braucht doppelt so lange wie eine 30jährige (3–4 Monate). Viele, nämlich die andere Hälfte (50 %), würden erst später schwanger, einige aber auch nie. Die

Zahl der Frauen, die trotz mehrjähriger Versuche kein Kind bekommen, ist mit 38 größer als mit 30, und mit 42 ist sie noch größer. Von daher kommt das Gefühl, irgendwann in Zeitnot zu geraten.

Das Problem liegt natürlich nicht nur bei der Frau oder an ihrem Alter. Ein Mann gehört ja auch dazu: ein Mann, der fruchtbar ist. Vielleicht aber ist es ein Mann, der, ohne es zu merken, gerade zeugungsunfähig ist, möglicherweise ein Mann, der im Beruf sehr gestreßt ist oder ein Mann, der selten da ist.

Mit durchschnittlich 26 Jahren bekommen Frauen in Deutschland ihr erstes Kind. Das ist um drei Jahre später als noch vor 20 Jahren. Männer werden im Schnitt mit 28 das erstemal Vater.

Während bei Männern das zunehmende Alter für die Fruchtbarkeit eine geringere Rolle spielt, wird etwa ein Drittel der Frauen zwischen 35 und 40 Probleme haben, wenn sie sich spät, aber entschieden, um nicht zu sagen „verschärft", ein eigenes Kind wünschen. Daher kommen zunehmend mehr Frauen jenseits der 30 in die Praxis zu FrauenärztInnen, um nach Rat zu fragen. Oft sind sie durch eigene Bedenken, nicht mehr fruchtbar zu sein, in Panik geraten, manchmal indirekt durch wohlmeinenden Rat von der Familie, von Freundinnen oder Kolleginnen veranlaßt: „Geh mal zum Arzt! Man kann doch heute schon so viel machen".

> *Man verliert viel Zeit, wenn*
> *man Zeit sparen will.*
>
> (J. Steinbeck)

Der Leidensdruck derjenigen, die in die Praxis kommen, ist sehr unterschiedlich. Manche sind bereits in heftigster Torschlußpanik und wünschen sich „ein Kind ganz schnell und um jeden Preis". Sie wollen – eher ungeduldig – gleich die ganze Palette moderner Sterilitätsdiagnostik und Sterilitätsbehandlung bis hin zur außerkörperlichen Befruchtung. Andere wollen nur wissen, ob sie „denn noch Eisprünge haben und nicht schon in den Wechseljahren sind". Viele wollen ohnehin keine „verschärften Behandlungen oder Eingriffe", allenfalls Naturheilverfahren oder Akupunktur.

Über Gründe und Ursachen von unerfüllten Kinderwünschen

Die Ursache für den unerfüllten Kinderwunsch ist nicht immer einfach zu erkennen. Hier sind einige der Fragen, die wir uns selbst als ÄrztInnen in der Sprechstunde mit der Frau oder mit dem Paar stellen: Liegt die Ursache bei ihr oder bei ihm? Oder bei beiden? Und wo genau liegt die Störung? Sind es die Hormone? Sind es die Eileiter, ist es eine Infektion, ist es der Streß? Hat die Störung bei diesem Paar möglicherweise einen Sinn, ist sie geradezu ein Schutz? Haben die beiden überhaupt Lust und haben sie Verkehr? Haben sie Zeit? Oder wollen sie schnell eine medizinisch-technische Behandlung? Wollen sie wirklich ein Kind, oder haben sie Sehnsucht nach etwas ganz anderem?

Woran liegt es also, wenn ein Kind nicht kommen will?

Hier wieder einige Zahlen über die Ursachen im einzelnen:
Von den älteren Paaren, die mit der Diagnose „Sterilität" in Behandlung sind, finden wir im Durchschnitt etwa bei

30 % Ursachen allein bei der Frau,
20 % Ursachen allein beim Mann,
20 % Ursachen bei Mann und Frau,
30 % **keine** Ursachen bei Mann und Frau.

Und weiter mit der Statistik: Von den Frauen ab 35, die ein Jahr lang nicht schwanger wurden, obwohl man beim Partner keine Ursache feststellen konnte, finden wir nach sorgfältiger Untersuchung im Durchschnitt bei

50 % hormonelle Störungen (z. B. kein Eisprung),
20 % Erkrankungen der Eileiter (z. B. Verklebungen),
10 % eine sog. „Endometriose" oder Störungen im Gebärmutterhalsschleim,
20 % **keine** körperliche Störung.

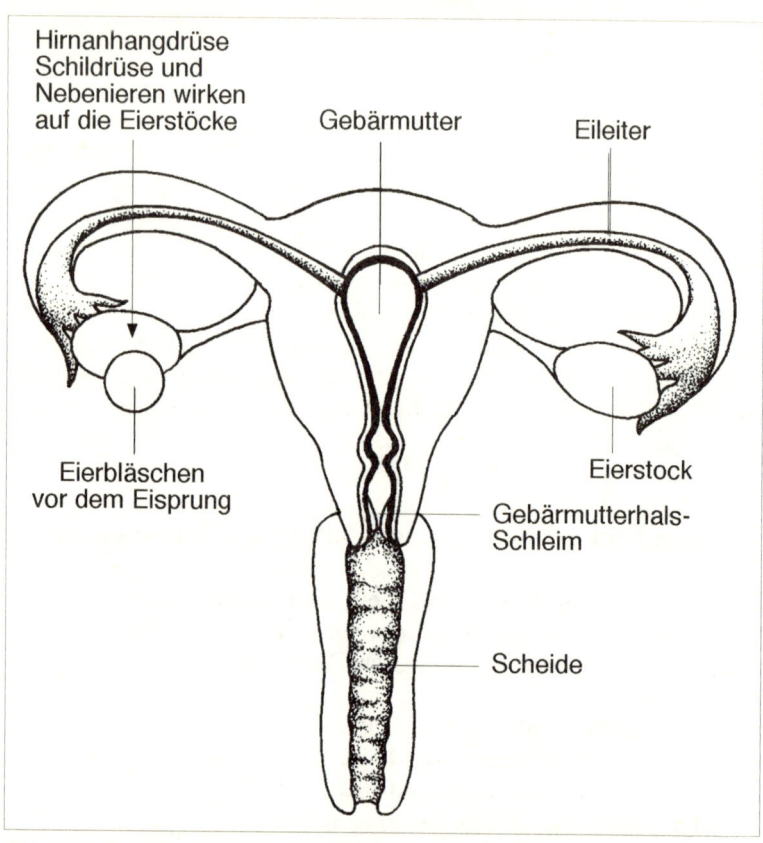

Abb.1: Anatomie von Gebärmutter, Eileiter und Eierstöcken

Einige Worte zu diesen Störungen:

• *Hormonelle Störungen:* Das können eine unmerkliche Unterfunktion der Schilddrüse (Hypothyreose) sein oder eine Überfunktion der Nebennieren (Hyperandrogenämie), die Unterfunktion der Hirnanhangdrüse oder ein Ungleichgewicht in der Eierstocksfunktion (z.B. Gelbkörperschwäche). Weil die monatliche Reifung der Eizelle und der Eisprung von der richtigen und ausgewogenen Funktion all dieser Hormone abhängt, können schon leichte unmerkbare Störungen zu vorübergehender Unfruchtbarkeit führen.

• *Zu Erkrankungen der Eileiter* kommt es meistens durch Entzündungen und Infektionen (z.B. Chlamydien), die irgendwann sexuell übertragen wurden. Meistens führen Eileiterentzündungen zu starken Unterleibschmerzen und werden dann auch behandelt. Manchmal können sie aber auch ohne großartige Beschwerden ablaufen und vorübergehen. Bei einigen Frauen bleiben danach ganz unbemerkt verklebte, undurchlässige Eileiter zurück. Das passiert – statistisch gesehen – aber nur einmal auf zehn Eileiter- oder Eierstocksentzündungen. Dann können allerdings Ei- und Samenzelle nicht mehr zusammenkommen.

• *Endometriose ist eine besondere Laune der Natur:* Kleine Inseln von Gebärmutterschleimhaut (Endometrium) gelangen über die Eileiter in den Bauchraum und benetzen dort verschiedene Organe, z. B. die Eierstöcke. Bei einigen wenigen Frauen breiten sich diese Inseln aus und führen zur Bildung von Blutbläschen (Endometriose-Zysten). Und diese wiederum können die Fruchtbarkeit beeinträchtigen, indem sie zu Verklebungen der Eileiter führen.

• *Der Schleim* im Gebärmutterhals hat in der Mitte des Zyklus eine ganz besondere Zusammensetzung. Er wird flüssig wie Speichel. Nur so können Samenzellen durch ihn hindurchschwimmen. Schon eine unbemerkte Infektion dieser Gegend kann für die Samenzellen das „Aus" bedeuten. Aber auch eine allergisch reagierende Schleimhaut könnte ein ungünstiges Schleimmilieu schaffen. Dann gelangen die Samenzellen gar nicht bis zum Ei.

• *Keine Ursache* zu finden, heißt nicht, daß es keine gibt. Aber wir können sie mit den besten und modernsten technischen Methoden eben doch nicht finden, weil wir vieles gar nicht wissen. Man sollte unerklärliche Sterilität jetzt nicht einfach auf seelische und damit medizinisch nicht nachprüfbare Ursachen schieben. Denn seelische Faktoren können auf alle oben genannten Funktionen einen mehr oder weniger großen Einfluß haben, insbesondere natürlich auf die fein regulierte Hormonbildung.

Wie kommt es eigentlich zu Fruchtbarkeitsstörungen?

Die Störung der Fruchtbarkeit ist ein Symptom, fühlbare Folge einer dahinterstehenden Ursache. Allerdings werden Ursachen für Symptome in der Medizin oft nicht aufgedeckt. Im folgenden fünf Ursachen, die einen bereits seit langem nachgewiesenen Einfluß auf die Fruchtbarkeit haben:

1. Mit zunehmendem Alter bekommen mehr und mehr Eizellen, die sich im Eierstock befinden, gewisse „Webfehler": kleine genetische Defekte. Solche Zellen lassen sich auf Dauer schlechter befruchten. Und falls es doch zur Befruchtung mit einer Samenzelle kommt, gehen diese „Früchte" meistens früh zugrunde. Das ist eine „natürliche Auslese". Die Frau macht dabei eine frühe Fehlgeburt (einen Frühabort) durch. Mit zunehmendem Alter, irgendwann zwischen 45 und 52, sozusagen mitten im Leben einer Frau, sind die Eierstöcke erschöpft. Dann gibt es keine Eizellen mehr und damit auch keine Schwangerschaft.

Das Alter spielt noch eine weitere Rolle: Die Einwirkzeit von sogenannten „Umweltgiften" nimmt mit den Lebensjahren natürlich zu. Und damit vergrößert sich ihr möglicher schädigender Einfluß auf unsere Fruchtbarkeit.

2. Umweltgifte. Großen Einfluß hat zunächst einmal das Rauchen. Zigarettenrauch ist eine bedeutende Fruchtbarkeitsbremse. Das ist keine Spekulation mehr, es ist nachgewiesen. Beim Abbrennen einer Zigarette entstehen rund 1000 verschiedene Substanzen. RaucherInnen inhalieren das Zeug jahrelang, und manche dieser Stoffe werden im Körper fein verteilt und wie in einer Endlagerstätte deponiert. Mögliche Folge: Die Eierstöcke werden schlechter durchblutet, die Eireifung kann gestört werden. Nicht nur, daß Raucherinnen im Durchschnitt drei Jahre früher ihre Wechseljahre erleben, auch junge Raucherinnen haben öfter Probleme mit Zyklusstörungen, ihrem Eisprung, aber auch mit Entzündungen. Rauchen verändert nämlich das Scheidenmilieu und schafft damit günstige Voraussetzungen für Infektionen.

Daß Gifte unsere Fruchtbarkeit mindern, ist zwar bekannt, hat aber bis heute kaum Konsequenzen auf unseren sorglosen Umgang mit „harmlos" erscheinenden Substanzen. Die fruchtbarkeitsschädliche Wirkung von Blei ist seit Jahrhunderten bekannt.[4] Seit der Industrialisierung im 19. Jahrhundert steigt der Bleigehalt in den menschlichen Geweben kontinuierlich an. Dioxin, Pflanzenschutzmittel (DDT und andere), Holzschutzmittel, Quecksilber, Cadmium und PCBs findet man bereits in bedenklich hohen Konzentrationen im Eibläschen und in der Samenflüssigkeit „normaler Menschen". Sie sind mit Sicherheit – aber von uns weitgehend unbemerkt – häufige Ursachen für weibliche und männliche Unfruchtbarkeit.[5]

ForscherInnen von der Universitäts-Frauenklinik Heidelberg zeigten z. B. 1992, daß einige Schwermetalle ab einer gewissen Konzentration im Körper den Eisprung behindern und für Regelblutungsstörungen verantwortlich sind.[6] Welche Stoffe außerdem Einfluß auf unsere Fruchtbarkeit nehmen, werden wir in ein paar Jahren besser wissen. Früh genug? Die Wirkung der meisten von etwa acht Millionen (!) verschiedenen, synthetischen chemischen Substanzen auf Pflanzen, Tiere, Menschen ist so gut wie unbekannt.[7]

3. Ernährung und Stoffwechsel. Mitunter bestehen Stoffwechselstörungen in den Eierstöcken, den Nebennieren oder der Schilddrüse, ohne daß wir das bemerken. Sie zeigen sich manchmal erst nach Hormonuntersuchungen, die wegen eines fehlenden Eisprungs gemacht werden. Relativ häufig kommt eine leichte Schilddrüsenunterfunktion vor, unter der wir hier in Deutschland öfter als unsere Nachbarn leiden, weil wir zuwenig Jod mit unserer Nahrung bekommen.

Starkes Übergewicht kann die Eierstockshormone erheblich durcheinanderbringen.

Eine weitere Fruchtbarkeitsbremse gehört bei vielen von uns fast schon zur täglichen Ernährung: ein halbes Fläschchen Wein, zwei Fläschchen Bier oder zwei Drinks zur Entspannung. „Warum soll das, was so gut schmeckt, gerade mir schaden?" Tatsächlich bekommen die meisten bei diesem Lebensstil trotz ihres mittelgradigen Alkoholkonsums Kinder. Manche aber keine und manche auch behinderte.

4. Streß. Viele kennen das: Wenn wir angenehm aufgeregt ein Rendezvous vor uns haben, geht unser Herz schneller. Oder: Wenn wir in die Fahrprüfung gehen, schwitzen die Hände. Unsere Seele hat den Körper beeinflußt. Herzklopfen und schwitzige Hände sind typische Beispiele für eine „psychosomatische Reaktion". Unser Körper funktioniert so: psychosomatisch. Bei angenehmen wie bei unangenehmen Reaktionen. Und die meisten Störungen in unserem Körper entstehen auch so.

FachärztInnen, Experten und Fruchtbarkeitsforscher weisen schon lange darauf hin, daß Seelenstreß unsere Fruchtbarkeit beeinflussen kann. Es ist hinlänglich bewiesen, und das nicht nur im Rattenversuch.

Was ist also Streß?

Man könnte sagen, Streß ist jeder Reiz, der auf uns einwirkt, jede Aufregung, die unseren Körper zunächst einmal aus einem Gleichgewicht bringt. Streß verursacht ein klingelnder Wecker oder unser Pflichtgefühl. Streß ist das, was uns morgens aus den Federn holt und uns zur Arbeit antreibt. Es ist das, was dafür sorgt, daß unsere Kinder ihre Hausaufgaben machen. Lebensstreß, den jeder hat: ganz gesund also.

Bei unserem Lebensstil, so scheint es, hat aber fast jeder irgendwo zuviel Streß: zuwenig Zeit, Lärm vor der Haustür, Unfreundlichkeit am Arbeitsplatz, hektischer Straßenverkehr, die Nachrichten aus aller Welt, ein nerviges Familienleben oder eine morsche „Beziehungskiste", andauernde Geldsorgen oder ständigen Vergnügungsstreß. Oder es kommt zum Dauerstreß, weil es „nicht klappt" mit dem Nachwuchs, obwohl doch die Schwester schon ihr zweites Kind bekommt.

Eine Überflutung mit Aufregungen, die wir nicht mehr verarbeiten, kann zu einer veränderten Bildung von Hormonen und Überträgerstoffen unseres Nervensystems (u. a. Cortison, Adrenalin, Dopamin, Serotonin) führen. Und auf diesem Wege kann „chronischer Streß" unsere Fruchtbarkeit, die von dem fein regulierten Zusammenspiel verschiedener Hormone abhängt, herabsetzen.

Bei all unserem Streß müssen wir uns geradezu wundern, daß so viele Frauen überhaupt noch schwanger werden und Kinder zur Welt bringen. Aber die Streßmenge ist nur die eine Seite. Die andere und wahrscheinlich wichtigere Seite ist, wie wir mit dem, was uns bemerkt oder unbemerkt belastet, zurechtkommen. Ob wir krank werden oder nicht, hängt vor allem von unseren „Techniken" der Streßbewältigung ab. Und darin ist keiner wie der andere. Wir sind unterschiedlich veranlagt und erzogen, und wir haben unterschiedliche Lebenserfahrungen gemacht. So haben wir uns im Laufe der Jahre unsere eigene Art angewöhnt, mit Streß umzugehen.

Sollten zuviel äußerer Streß und innerer Druck zur ungewollten Kinderlosigkeit beitragen, so gibt es Möglichkeiten, unseren persönlichen Streßpegel zu verändern. Von autogenem Training bis zu Chi-Gong gibt es zahlreiche Wege, um zu lernen, das Leben gelassener zu bewältigen und mit dem Streß besser umzugehen.

5. Wenn die Seele „nein" sagt, wollen wir das häufig nicht hören. Uns wäre es manchmal lieber, das Kinderkriegen wäre nur unserem Willen unterworfen. Aber so ist es nicht. Vielleicht sind Körper und Seele manchmal klüger als unser Verstand. So können unbewußte, seelische Konflikte hinter einer ungewollten Kinderlosigkeit stecken. Obwohl sich das Paar sehnlich ein Kind wünscht, „will das Kind nicht" in diese Beziehung kommen. Die Seele sagt „nein", weil sie tief drinnen Angst hat vor einem Kind. Ein kompliziertes Verhältnis zu den Eltern oder ungelöste Konflikte in der Partnerschaft müssen nicht, aber sie können sich so bemerkbar machen.

Cornelia ist 36 und wäre gern Mutter. Sie wird nicht schwanger. Ihr Mann überläßt ihr, wie er sagt, die Entscheidung. Ihm ist ein Kind nicht wichtig: „Wenn du unbedingt willst…" Das verletzt sie. Cornelia weint, als sie uns davon erzählt. Sie hat früher eine schwere Verletzung im Leben erlitten. Und jetzt hat sie Angst davor, eventuell allein die Konsequenzen mit einem Kind tragen zu müssen. Cornelia: „Irgendwie ist alles so festgefahren."

Und wie ist das nun bei den Männern?

Bei den Männern ist es für den Arzt einfacher, eine Untersuchung durchzuführen. Damit ist auch die Diagnose leichter zu stellen. Männern fällt es aber oft schwer, sich einer sogenannten andrologischen Untersuchung zu unterziehen.

Männer, auch emanzipierte Männer, sind leicht kränkbar, wenn es um Fragen ihrer „Potenz" geht. Zeugungskraft und Manneskraft sind in der Sprache und in unserer Vorstellung vom „richtigen Mann" eng miteinander verbunden. Da nützt vielen von uns der aufklärerische Hinweis wenig, daß männliche Liebesfähigkeit, Erektionsfähigkeit und Zeugungsfähigkeit völlig verschiedene Potenzen sind und biologisch wenig miteinander zu tun haben.

Zunächst wird also den Arzt interessieren, ob der Mann überhaupt Lust hat, mit seiner Partnerin zu schlafen, ob er eine Erektion haben kann und ob die beiden Geschlechtsverkehr haben. Manchmal liegt die Kinderlosigkeit tatsächlich an seelisch bedingten sexuellen Funktionsstörungen, z.B. Störungen der Erektion oder an vorzeitigem Samenerguß. Diese sind durch eine Paartherapie fast immer gut zu behandeln .

Eine chemische und mikroskopische Untersuchung des Samens, ein „Spermiogramm" deckt die meisten anderen Ursachen männlicher Zeugungsfähigkeit auf. Die richtigen SpezialistInnen für derartige Untersuchungen sind andrologisch ausgebildete GynäkologInnen, HautärztInnen, UrologInnen oder InternistInnen.

Wenn der Arzt nicht nur Experte ist, sondern auch ein Gefühl für die zweifellos besondere Situation besitzt, dann hat er einen gemütlichen Raum, in dem der Mann in Ruhe seine Samenprobe „gewinnen" kann, durch Selbstbefriedigung (Masturbation). Wahrscheinlich ist es den meisten von uns Männern mehr oder weniger peinlich, auf ärztlichen Rat hin zu masturbieren.

Das sofort angefertigte Spermiogramm zeigt dann entweder
– einen Normalbefund,
– zuwenig Samenzellen,
– zuwenig bewegliche Samenzellen,
– zuwenig normal geformte Samenzellen oder
– ungünstige chemische Zusammensetzung der Flüssigkeit.

Da die Qualität der Samenzellbildung bei einem Mann von Zeit zu Zeit erheblich schwankt, ist bei einem schlechten Befund auf jeden Fall eine zweite Untersuchung einige Wochen oder Monate später erforderlich.

Die Ursachen männlicher Fruchtbarkeitsstörung sind vielfältig. Es sind:
– selten Hormonstörungen.
– Häufiger führen „Krampfadern" am Hoden (Varikozelen) dazu. Sie können leicht erkannt und durch einen kleinen operativen Eingriff (eine Ligatur) entfernt werden.
– Manchmal sind die Hoden beeinträchtigt, wenn sie seit der Kindheit im Leistenkanal und nicht unten im Hodensack liegen oder
– aufgrund einer früheren Hodenentzündung (z. B. nach Mumps).
– Selten liegt es an genetischen Erbkrankheiten.

- Manchmal sind es unbemerkte Infekte der Prostata, die nach ihrer Entdeckung und Behandlung keine Probleme mehr machen.
- Bei einigen Männern hat eine Leistenbruch-Operation die Fruchtbarkeit empfindlich gestört.
- Ob Rauchen die männliche Fruchtbarkeit in gleichem Ausmaß wie bei Frauen stört, darüber streiten gerade die Experten.
- Das Alter des Mannes spielt für seine Fruchtbarkeit und auch für das Risiko von Geburtsfehlern eine geringere Rolle als bei Frauen.

Eine berufliche Karriere ist mitunter
das beste Verhütungsmittel.
Nicht nur bei Frauen.

- Streß. Nach allgemeiner Erfahrung sind viele männliche Fruchtbarkeitsstörungen durch beruflichen und familiären Streß bedingt. Eine gelassenere Streßbewältigung durch Psychotherapie oder bessere Entspannung, z.B. in einem längeren Urlaub, hat schon oft nach einigen Monaten zur überraschenden Schwangerschaft geführt. Das war manchmal auch der Urlaub von einer stressigen Fruchtbarkeitsbehandlung durch eifrige Mediziner.
- Seelische Konflikte. Nicht jeder Mann, der im Beruf dauernd unter Erfolgsdruck steht, reagiert körperlich mit schlechter Samenqualität, sondern nur einige. Andere reagieren mit Kopfschmerzen oder Bluthochdruck, und viele bemerken keine körperlichen Symptome. Aber seelische Konflikte können die Zeugungsfähigkeit ebenso beeinträchtigen wie bei Frauen die Empfängnisfähigkeit.

„Männer sind so verletzlich..."
(Herbert Grönemeyer).

- Umweltgifte. Auch für die männliche Unfruchtbarkeit spielen „Umweltgifte", nicht nur am Arbeitsplatz, eine zunehmende Rolle. Pflanzenschutzmittel (u.a. DDT), Blei, Quecksilber, Dioxin und Cadmium, um nur einige zu nennen. Manche reichern sich unmerklich im Laufe der Lebensjahre in manchen Körpergeweben an und finden sich in erhöhten Mengen in der Samenflüssigkeit. Als Folge kann eine Unfruchtbarkeit sogar dann bestehen, wenn das Spermiogramm in Ordnung ist.

Das bereitet Betroffenen, WissenschaftlerInnen und ÄrztInnen bereits erhebliche Sorgen. Viele wissen gar nicht, daß sie auch davon betroffen sind. Dabei weisen Experten, wie z. B. die Kieler Umwelt-Toxikologen Alsen und Wassermann, energisch darauf hin, daß die Grenzen der Belastbarkeit bereits überschritten sind. Wir stellen aber fest, daß die Verursacher der schleichenden Vergiftung und die Gesetzgeber – nicht nur in unserem Land – abwiegeln.

Soviel zu den Gründen und den Ursachen dafür, daß Kinder, obwohl gewünscht, nicht kommen können oder nicht kommen wollen.

Bin ich denn nun fruchtbar?
Diagnostik beim Frauenarzt

Wenn eine Frau Zweifel an ihrer Fruchtbarkeit hat, bieten wir ihr zunächst die „weiche" Diagnostik an. Wir klären, welche Bedenken sie hat und was sie eigentlich befürchtet. Bei einer gynäkologischen Untersuchung achten wir sorgfältig auf Infekte. Anschließend folgt eine Blutentnahme. Die Blutprobe schicken wir in ein Speziallabor zur Untersuchung der verschiedenen Hormone: der Eierstöcke, der Hirnanhangdrüse, der Nebenniere und der Schilddrüse. Wir bitten die Frau, zu einem zweiten Termin, irgendwann zwischen dem 12. und 14. Zyklustag, also kurz vor dem vermuteten Eisprung. Und wir empfehlen ihr, zusammen mit ihrem Partner zu kommen, um auch ihn und seinen Wunsch nach einem Kind kennenzulernen.

Mit dem Ultraschall können wir recht einfach die Gebärmutter genauer untersuchen, und wir suchen nach einem etwa zwei Zentimeter großen Eibläschen (Follikel) in einem der beiden Eierstöcke. Das zeigt uns, daß eine Eizelle heranreift. Die Frau kann das auch auf dem Bildschirm sehen.

Natürlich kann es sein, daß wir kein Eibläschen sehen, weil dieser Zyklus zufällig ohne Eisprung verläuft. Dann sollte die Untersuchung in einem der nächsten Zyklen wiederholt werden.

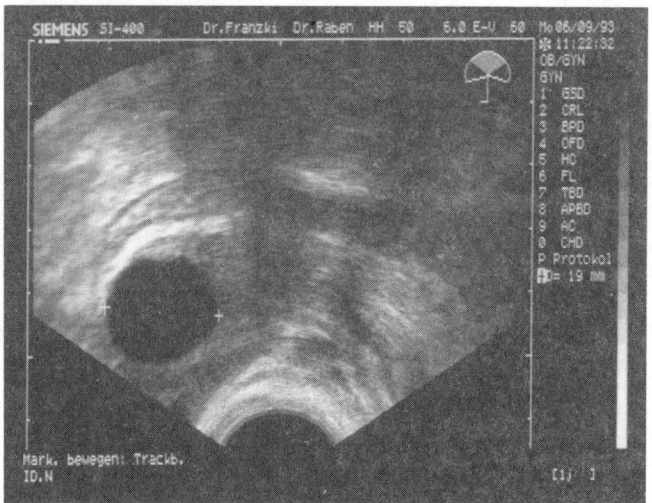

 inside image region shows ultrasound labels:
SIEMENS SI-400   Dr.Franzki Dr.Raben HH 60   6.0 E-V 60   Mo 06/09/93
※ 11:22:32
OB/GYN
GYN
1' GSD
2 CRL
3 BPD
4 OFD
5 HC
6 FL
7 TBD
8 APBD
9 AC
0 CHD
P Protokol
D= 19 mm

Mark. bewegen: Trackb.
ID.N   [1] 1

*Abb.2 Ultraschall-
foto vom Eibläschen
(Follikel) im rech-
ten Eierstock*

Zum dritten Termin, etwa eine Woche später, laden wir den Partner wieder mit ein. Falls es ihm mit dem Kinderwunsch ernst ist,
sollte er ein Spermiogramm machen lassen.

Manche Männer kommen dennoch nicht in die Sprechstunde,
obwohl die Partnerinnen sie darum bitten. Entweder haben sie „keine Zeit" oder erklären: „Für eine künstliche Behandlung hätte ich
sowieso nichts übrig." Für manches Paar klärt sich dabei die Tatsache, daß der Kinderwunsch nicht bei beiden gleich stark vorhanden
ist. Vielleicht geht es dabei um einen verborgenen Konflikt. Aber
manche Frauen wollen ohnehin erst einmal nur für sich „ihre Seite"
abklären.

Dann folgt jetzt bei der Frau die zweite Ultraschalluntersuchung. Wir sehen nach, was aus dem Eibläschen geworden ist. Es
sollte nach dem Eisprung verschwunden sein. Ebenso folgt die
zweite Hormon-Untersuchung aus dem Blut mit der Frage, ob eine
Gelbkörperschwäche vorliegt.

Zum vierten Termin ist der Partner wieder mit eingeladen. Wir
wissen nun, welche Störung vorliegt, oder ob alles soweit gut aus-
sieht. Wir klären, ob ein weiterer Zyklus bei der Frau untersucht
werden soll oder eine zweite Samenuntersuchung beim Mann. Wie
kann und soll es jetzt weitergehen? Wird schon eine Behandlung

gewünscht oder soll erst einmal einige Monate abgewartet werden? Wir geben Hinweise zu fruchtbaren Tagen, zum Einfluß von Streß und Gelassenheit, zur Lebensweise, zu Rauchen und Alkohol. Bei unerklärlichen Blutungsstörungen muß eine eventuelle Giftbelastung ausgeschlossen werden.

Wir geben dem Paar einen weiteren Termin einige Wochen später. Dann können wir auch darüber sprechen, ob eine „härtere" Diagnostik gewünscht wird, um z.B. die Durchlässigkeit der Eileiter zu überprüfen. Die kann bisher nicht durch Ultraschall erkannt werden. Dazu ist eine Bauchspiegelung (Laparoskopie) in Narkose erforderlich oder eine Röntgenuntersuchung der Eileiter. Manchmal allerdings reicht auch eine „Durchblasung" (CO_2-Pertubation) der Eileiter aus.

Wenn es einen Verdacht auf Schadstoffbelastungen gibt, so veranlassen wir eine chemische Untersuchung des Urins: gemessen wird allerdings nur die Schwermetallausscheidung. Die meisten gefährlichen Substanzen lassen sich nicht routinemäßig bestimmen.

Abschließend besprechen wir mit dem Paar die Erfolgschancen einzelner Behandlungen und was wohl wäre, wenn Behandlungen nicht zum Erfolg führen: „Könnten Sie sich vorstellen, dann ein Kind zu adoptieren? Und wie wäre ein Leben ohne Kind?"

Wie sieht denn nun die Behandlung aus?
„Weiche" und „harte" Therapie

Die „weiche" Therapie hat das Ziel, funktionelle Störungen zu normalisieren, die Reifung der Eizellen und die hormonellen Funktionen zu bessern.

Die herkömmliche „einfache" Hormonbehandlung besteht in der Einnahme von Tabletten, z.B. täglich kleine Mengen von Schilddrüsenhormon und Jod und/oder fünf Tabletten Clomiphen (z.B. Dyneric) im Zyklus, damit ein Ei springt. Bei einer Clomiphenbehandlung kommt es doppelt so häufig wie sonst zu Zwillingsschwangerschaften, aber nicht zu Drillingen oder Vierlingen.

Als Alternative bieten wir bei einigen Hormonstörungen eine Akupunkturbehandlung an: Sehr feine Stahlnadeln werden an ganz bestimmten Punkten zwei bis drei Millimeter tief in die Hautoberfläche gepiekst und verbleiben dort für 20 Minuten. Die Nadeln sitzen teils am Ohr, teils an den Beinen und in der Bauchhaut. Etwa zehn Sitzungen sind nötig. Die ganze Behandlung dauert zwischen einem und drei Monaten.

Akupunktur galt bisher vielen Medizinern als Quacksalberei, obwohl sie als Therapie bereits einige tausend Jahre erfolgreich ist. Die „Außenseitermethode" wird jetzt aber zunehmend naturwissenschaftlich untersucht und ihre komplizierte Wirkungsweise aufgedeckt. Von der Universitäts-Frauenklinik Heidelberg konnte 1988 (von I. Gerhard und F. Postneek) gezeigt werden, daß eine Akupunkturbehandlung gleiche Erfolgschancen hat wie die übliche Hormonbehandlung.[8] Etwa drei von zehn wegen Kinderlosigkeit behandelter Frauen bekommen nach dieser Behandlung ein Kind. Die wissenschaftlichen Untersuchungen gehen weiter. Die Nadelstiche in ganz bestimmte Hautareale scheinen zum einen über Nervenreflexe zu wirken, zum anderen zur Ausschüttung bestimmter Stoffe von der Haut in die Blutbahn zu führen. Diese sogenannten Endorphine und biogenen Amine spielen für viele Körperfunktionen, unter anderem für die Fruchtbarkeit, eine Rolle.

Auch bei Männern kann Akupunktur erfolgreich sein. Bei bestimmten Formen von eingeschränkter Fruchtbarkeit (Subfertilität), so fanden Forscher der Wiener Uniklinik heraus, ist Akupunktur eine ernstzunehmende Therapie, die aber drei bis vier Monate bis zur Wirkung braucht, weil so lange schon allein die Heranreifung männlicher Samenzellen dauert. Die Heidelberger UniversitätsklinikerInnen bestätigten jüngst die Wiener Ergebnisse.

Mitunter ist bei Hormonstörungen für Frauen auch die tägliche Einnahme eines Extraktes der Pflanze „Mönchspfeffer" (Agnus castus) in Form von Tropfen oder Tabletten erfolgreich. Mönchspfeffer kann nach dreimonatiger Behandlung eine Wirkung auf die Eierstöcke haben.

Psychotherapie ist zwar nicht zu verordnen wie Tropfen oder Tabletten, aber manchmal der erfolgreichere Weg. Damit die Seele wirklich „ja" sagen kann, ist oftmals zunächst eine klärende Auseinandersetzung mit der Partnerschaft und der eigenen Lebensgeschichte erforderlich. Dazu sind manche Paare nicht bereit. Zumindestens nicht so ohne weiteres. Manche wechseln eine Zeitlang, auf der Suche nach ihrem „Fruchtbarkeits-Guru", die FrauenärztInnen und kommen manchmal erst auf Umwegen und mit Hilfe einer ihnen sympathischen und kompetenten Therapeutin zu sich selbst.

„Harte" Therapie

Auf die Technik möglicher „verschärfter" Hormonbehandlungen durch GnRH-Analoga, HMG und HCG gehen wir hier nicht ein. Ebenso nicht auf die Möglichkeit von Operationen an den Eileitern bei Verschlüssen durch Entzündungen oder Endometriose.
„Man kann schon sehr viel machen!"
Der Satz ist richtig und soll hier genügen. Aber nicht jeder und jede will alles machen, was geht.

Wir beschäftigen uns in unserem Buch auch nicht mit den Möglichkeiten, Techniken und Auswirkungen der „ganz späten" Schwanger- und Mutterschaft. „Fruchtbarkeitstechnikern" ist es bereits gelungen, auch bei Frauen nach den Wechseljahren Schwangerschaften zu erzeugen: Befruchtete Eizellen (sozusagen geliehene Embryonen) junger Frauen wurden in ihre Gebärmutter eingebracht und die nötigen Hormone wurden ihnen appliziert. Es wurden bereits einige Kinder von 60jährigen Frauen geboren.

Das verständlichste Motiv, ein Kind zu haben,
ist die eigene Freude am Leben.
(Eine deutsche Hebamme)

Die Methoden der künstlichen Befruchtung wollen wir aber kurz beschreiben:

Homologe Insemination heißt es, wenn Samen vom eigenen Partner direkt (aber eben künstlich) in die Gebärmutter der Frau gebracht wird. Das kann sinnvoll sein, wenn zuwenig befruchtungsfähige Samenzellen im Samenerguß sind. Dann wird von verschiedenen Samenergüssen jeweils die erste (weil beste) „Portion" gesammelt und schonend (aber künstlich) aufbereitet (Split-Ejakulat). Die Chancen für eine Befruchtung sind damit größer. Dieser „verbesserte" Samen wird dann zum günstigsten Zeitpunkt (Eisprung) bei der Frau mit einem feinen Katheter in die Gebärmutter gebracht. Homologe Insemination kann auch sinnvoll sein bei der Unverträglichkeit von Fruchtbarkeitsschleim und Samenzellen. Die Natur wird überlistet, aber das gilt für jede künstliche Behandlung.

Heterologe Insemination bedeutet, daß der Samen nicht vom eigenen Partner oder Ehemann kommt, sondern von einem Samenspender, z. B., weil der Partner zeugungsunfähig ist.

Außerkörperliche Befruchtung (in-vitro-Fertilisation, ivF), heißt es, wenn der Frau kurz vor ihrem Eisprung durch Punktion des Eierstocks Eizellen entnommen werden, die dann mit den männlichen Samenzellen im Reagenzglas zur Befruchtung gebracht werden. Etwa ein bis zwei Tage nach einer geglückten Befruchtung wird der Frau das Zellhäufchen (ein Acht-Zell-Embryo) mit einem feinen Katheter in die Gebärmutter zurückgegeben. Die Chance, daß sich der Embryo einnistet und daß aus ihm ein Kind wird, liegt bei etwa 5%–10%. Daher werden gleich drei, vier oder noch mehr solcher „Früchtchen" eingelegt. Damit sind die Chancen, daß wenigstens einer durchkommt größer, aber auch das Risiko, daß aus allen etwas wird und z. B. Vierlinge entstehen. Was dann? Manchmal wäre weniger mehr.

Der Hauptgrund oder die sog. klassische Indikation, für eine außerkörperliche Befruchtung war bisher die Sterilität einer Frau wegen völliger Undurchlässigkeit ihrer Eileiter. Zunehmend wenden Fruchtbarkeitsspezialisten diese Methode auch bei „ungeklärter Sterilität" oder bei verminderter Fruchtbarkeit des Mannes an. Das wird auch von vielen FrauenärztInnen kritisiert. Es bedeutet unter anderem, daß Frauen behandelt werden, obwohl ihre Männer unfruchtbar sind.

Mit der komplizierten und medizinisch-technisch sehr aufwendigen Behandlung werden die Eileiter gewissermaßen außerkörperlich umgangen. Für die Frauen kann so eine Behandlung, die oft einige Zyklen lang dauert, der reinste Streß und äußerst belastend werden. Und die Sexualität des Paares kann darunter leiden, wie bei allen intensiven Sterilitätsbehandlungen. Daher sind beide, Mann und Frau, sehr auf die seelische Unterstützung durch das behandelnde Team angewiesen.

Andererseits kann sich ein Paar mit ungewollter Kinderlosigkeit und mit der Monat für Monat frustrierten Hoffnung auf ein Kind ebenfalls die Beziehung zerrütten. Manche Paare oder Frauen, die nach langer erfolgloser Behandlung ohne Kind bleiben, brauchen eine freundliche und kompetente Unterstützung durch ÄrztInnen oder therapeutisch begleitete Selbsthilfegruppen. Kontakte zu solchen Gruppen bekommen Sie am ehesten über PRO FAMILIA-Beratungsstellen.

Wie sehen die Erfolge der Sterilitätsbehandlung aus?

Statistik: Von 10 Paaren, die in einem Alter von über 35 Jahren, wegen einer diagnostizierten Sterilität in Behandlung sind, werden vier Paare ein Kind haben. Von den vier Frauen werden

• eine oder zwei während der Behandlung schwanger,
• eine schon in der Zeit der Voruntersuchungen und
• eine oder zwei von den zehn bekommen Monate bis Jahre nach Abschluß einer „erfolglosen" Behandlung doch noch ein Kind.

Man hört es häufiger – und auch wir kennen mehrere Paare, denen es so ergangen ist –, daß nach der Adoption eines Kindes sich schließlich doch noch ein eigenes Kind dazugesellt. Solche Beobachtungen sollen allerdings statistisch nicht signifikant sein.

Sechs Paare werden kein eigenes Kind bekommen. Als „Erfolg" betrachten wir es allerdings auch, wenn zwar trotz Behandlung kein Kind kommt, wir aber dazu beitragen können, daß das Paar seine Lebenslage akzeptiert und eine andere Lebensperspektive findet.

Machen oder kommen lassen?
Dazu vier Frauen

Susanne: „Als ich erfuhr, daß ich wegen meiner Endometriose-Erkrankung Probleme mit dem Kinderkriegen haben könnte, war das ein Schock. Die Behandlung mit „Anti-Hormonen" und drei Bauchspiegelungen zog sich hin, ich war 31 und immer noch nicht schwanger. Der Gedanke, daß ich nur noch ein paar Jahre Zeit haben könnte, lastete auf mir", erzählt uns Susanne, die jetzt 35 ist und ihr zweites Kind erwartet. „Unsere Sexualität wurde schwierig, da es nur noch um einen Zeugungsakt ging. Wie habe ich diese Temperaturkurven hassen gelernt! Und eine Freundin nach der anderen bekam Kinder, nur ich nicht. Schließlich haben wir uns noch mit der künstlichen, außerkörperlichen Befruchtung auseinandergesetzt. Aber je mehr ich darüber erfuhr, desto weniger wollte ich mich darauf einlassen. Dann eben ohne Kind! Als dieser Entschluß klar war, nahm der Druck ab, und wir konnten endlich wieder „normal" miteinander schlafen. Ohne große Hoffnung, sondern mit dem Gefühl „Ich mach' jetzt mal was anderes", habe ich mich auf eine Akupunkturbehandlung eingelassen. Ob es an der Behandlung lag oder daran, daß der Druck weg war, ich wurde jedenfalls schwanger. Nach all meinen Problemen war ich anfangs sehr ängstlich und übervorsichtig. Bloß keine Fehlgeburt! Die Ultraschalluntersuchungen waren für mich jedes Mal beruhigend: Die Bilder mit dem kleinen pochenden Herz bestätigten mir, daß alles in Ordnung ist. Ich hatte noch nicht wieder – wie sonst – den selbstverständlichen Mut, mich auf meinen Körper und mein Gefühl zu verlassen. Mittlerweile bin ich 35, und meine Tochter ist zwei Jahre alt. Mit dem zweiten Kind wollte es über ein Jahr wieder nicht klappen. Und ich bin wieder schwanger geworden nach der Akupunktur. Zufall oder nicht?"

Elke: Nachdem Elke zwei Kinder hatte, ließ sie sich sterilisieren. Später ging ihre Ehe in die Brüche. Mit 34 lernte sie einen neuen, viel jüngeren Mann kennen. Beide wollten so gern jetzt „im neuen Leben" ein Kind zusammen. Nach gründlicher Beratung über die Chancen entschied sich Elke mit ihrem neuen Mann für den „direktesten" Weg: eine außerkörperliche Befruchtung, eine ivF. Die beiden hatten Glück. Gleich im ersten Zyklus klappte es mit der Befruchtung. Die Schwangerschaft verlief glatt wie bei den anderen Kindern, und – man wagt es kaum zu schreiben – Elke bekam das Kind zu Hause.

Sigrid: Als mit 38 kein Kind kam, entschied sie sich für eine Sterilitätsbehandlung. Die Hormontherapie wurde sechs Monate lang durchgeführt. „Sechsmal Hoffnung und sechsmal Enttäuschung, wenn die Regel dann kommt." Die Behandlung (Chancen

30%) blieb bei Sigrid ohne Erfolg. Dennoch hatte sie Glück: Mit ihrem Mann bekam sie ein Kind über die Adoptionsvermittlungsstelle. Nina war zwei Jahre alt und kam aus einem Heim. Weitere sieben Monate später war Sigrid – überraschend – mit 40 Jahren zum erstenmal schwanger. Bei unserem Gespräch ist sie im sechsten Monat.

Anja: Als sie mit 35 noch nicht schwanger war, ließ sie sich operieren. Ihre Eileiter waren verklebt. Danach hat sie zweimal eine Eileiterschwangerschaft erlebt. „Zweimal diese Hoffnung, als der Test positiv war und dann Enttäuschung und Angst. Das will ich nie mehr haben." Beide Male mußte sie operiert werden. Anja und ihr Mann wollen auf Kinder verzichten.

Auch das folgende Thema gehört noch zum Kapitel „… wenn es nicht klappt". Denn mit einer Fehlgeburt müssen ältere Frauen eher rechnen als jüngere.

Fehlgeburt – die enttäuschte Hoffnung

Marlies war mit 41 und erst nach langem Bemühen schwanger geworden: „Die Regel war ausgeblieben, der Test positiv, endlich war ich schwanger. Ich hab' mich so gefreut und war so begeistert, daß ich am gleichen Tag Freunde und Verwandte an meinem freudigen Ereignis teilhaben ließ. Zwei Wochen lang hab' ich mit dem „Kind" schon alle Welt verrückt gemacht. Dann eine Blutung aus der Scheide, weniger als bei der Regel. Mein Arzt machte eine Ultraschalluntersuchung. Die dauerte länger als sonst. Und dann sagte er mir: „Die Schwangerschaft ist nicht in Ordnung. Sie haben eine Fehlgeburt, es wird leider kein Kind daraus."

Marlies hatte innerhalb von zwei Wochen erst den Himmel und jetzt die Hölle erlebt. Sie war wie betäubt, dann enttäuscht und schließlich traurig. Dazu dann noch ihre unsicheren Gefühle von Schuld: „Vielleicht lag es ja daran, daß ich am Anfang noch geraucht habe."

Unsichere Gefühle auch bei uns. Wenn wir als Ärzte während einer Ultraschalluntersuchung die Diagnose „Fehlgeburt" (lateinisch: abortus) stellen, wissen wir oft nicht, was wir jetzt sagen sollen. Vielleicht versuchen wir die traurige Situation mit wortreichen medizinischen Erklärungen zu übergehen. Wir sind davon berührt, auch wenn wir uns dagegen wehren. Auch wenn wir Fehlgeburten häufig mitverfolgt haben: Wir haben unsere Probleme mit „dem Traurigen", wir überbringen lieber gute Nachrichten.

Fehlgeburt (Abort), so nennt man das Zugrundegehen einer Schwangerschaft, bevor das „werdende Kind" auch außerhalb des Mutterleibes lebensfähig wäre. Das wäre es erst ab etwa der 25. Schwangerschaftswoche. Wenn es danach zur Welt kommt, heißt das nicht Fehlgeburt, sondern bereits Frühgeburt. Die meisten Fehlgeburten passieren, wie bei Marlies, in den ersten Schwangerschaftswochen, wenn der Embryo noch kaum mit bloßem Auge sichtbar ist. Wenige finden später statt, wenn der Embryo zwei bis fünf Zentimeter groß ist (also in der 10. bis 12. Woche) und nur sehr wenige noch später, sogenannte Spätaborte.

Fehlgeburten kommen häufig vor, häufiger als die meisten denken. Viele von solchen Ereignissen wurden früher von den Frauen kaum bemerkt und von ÄrztInnen nicht diagnostiziert. Es war kein großes Leid: Die Regel verspätete sich um eine oder zwei Wochen, ein Embryo von kaum einem Millimeter Größe war unmerklich zugrundegegangen und wurde abgestoßen. Eine Behandlung fand nicht statt.

Je empfindlicher aber unsere medizinischen Testmethoden werden und je einfacher und leichter sie uns heute zur Verfügung stehen, desto häufiger und eher werden solche Ereignisse medizinisch als frühe Schwangerschaften erkannt. Ein Urintest kann eine „Schwangerschaft" schon an dem Tag feststellen, an dem die Regel ausbleibt. Bereits wenige Tage später können wir mit dem Ultraschallstab ein winziges Fruchtbläschen in der Gebärmutter sichten: drei oder vier Millimeter klein. Aber die Gefühle, Kindsgefühle oder Muttergefühle gehen dabei hoch. Sie gehen hoch, aber fahren oft auch Achterbahn, weil der Ausgang solch früher und frühester „Früchtchen" – wie gesagt – sehr ungewiß ist. Jede fünfte von allen festgestellten Schwangerschaften (20%) endet als Fehlgeburt im medizinischen Sinn. Die Frau ist für ein, zwei, drei Wochen nach dem Test „guter Hoffnung", in der Phantasie gibt es schon ein „richtiges Baby", aber die Hoffnung wird enttäuscht. Das tut weh.

„Ich fuhr dann in die Klinik und hatte dort eine Ausschabung. Medizinisch war das kein Problem. Körperlich ging's mir gut. Aber danach bin ich in ein großes Loch gefallen. Und ich wußte nicht, warum das alles passiert war", erzählt Marlies über sich weiter.

Eine Fehlgeburt ist für die meisten Frauen, die sich ein Kind wünschen, nicht einfach der Verlust eines Zellhäufchens, eines Embryos, sondern viel mehr.

„Ich habe mein Kind verloren",

nennen sie es, und sie sind gekränkt wie Marlies. Solche Trauer braucht ihre Zeit. Das verstehen wir als Ärzte oft nicht so gut und wollen schnell Trost geben: „In ein paar Monaten werden Sie wieder schwanger sein, und dann bekommen Sie ein Kind." Oder: „So eine Fehlgeburt ist eigentlich etwas Sinnvolles. Solche Embryos haben meistens einen Chromosomenschaden und könnten gar nicht leben." Alles richtig, aber ob es der Frau in ihrer Trauer und Enttäuschung hilft?

Untersuchungen haben gezeigt, daß zufällige Fehler in den Erbanlagen von Ei- oder Samenzelle die häufigste Ursache von Fehlgeburten sind. Sechs von zehn Fehlgeburten beruhen auf Zellen mit fehlerhaften Chromosomen. Solche Zellen kommen tatsächlich bei allen gesunden Menschen vor, bei Männern wie bei Frauen. Wir sollen uns nicht wundern, daß unter unseren Tausenden von Ei- und Millionen von Samenzellen immer auch einige sind, die derartige genetische „Webfehler" haben. Wenn aus solchen Zellen eine Schwangerschaft entsteht, kommt es gleich zu Beginn schon zu so schweren Entwicklungsstörungen, daß diese „Früchte" schon früh zugrunde gehen. Traurig, aber sinnvoll? Zu diesen Chromosomenstörungen zählt die bekannteste und häufigste, die Trisomie 21. Wenn es bei dieser Störung nicht zu einer Fehlgeburt, sondern zur Geburt eines Kindes kommt, haben diese Kinder ein DOWN-Syndrom (volkstümlich Mongolismus genannt). Weder der Mann noch die betreffende Frau können etwas dafür. Diese Störungen entstehen nicht durch „falsches Verhalten". Und es mag am Ende doch tröstlich sein, die Fehlgeburt als etwas Natürliches hinzunehmen.

„Aber habe ich nicht doch etwas falsch gemacht?"

denken fast alle Frauen.

Alkohol kann eine Rolle spielen. Wer daran gewöhnt ist, ihn zu trinken, hat größere Chancen, eine Fehlgeburt zu erleiden.

Aber was macht eine „falsch", die mit ihrem Lebensstreß nicht zurechtkommt oder schlimmer, mit ihren Depressionen? Auch ein aufgeregt und sehnlich erwartetes Kind kann sie unter Druck setzen und ihr leicht eine weitere enttäuschte Hoffnung im Leben bereiten, wenn nichts daraus wird.

Mit zunehmendem Alter kommen „Webfehler" in den Eizellen häufiger vor und damit auch Fehlgeburten. Mit 40 etwa doppelt so häufig wie mit 30. Auch das ist natürlich.

Manchmal gibt es auch „handfeste" körperliche Ursachen für Fehlgeburten, vor allem für wiederholte Fehlgeburten: Infektionen oder Muskelknoten (Myome) in der Gebärmutter, Hormonstörungen oder Zuckerkrankheit. Oder: Der Embryo wird vom Immunsystem der Frau als „körperfremdes" Gewebe empfunden und daher abgestoßen. Aber solche Erkrankungen vermutet man erst bei wiederholt auftretenden Fehlgeburten, und die sind selten.

„Ich hatte Angst, daß es mich schon wieder verläßt und habe gebetet: Hoffentlich bleibt das Kind bei mir."

So beschrieb Anna ihre Gefühle zwischen Angst und Hoffnung, als sie mit 38 das erstemal schwanger war und gleich in der sechsten Woche eine Blutung bekam. Erst zwei Wochen später konnten wir ihr nach wiederholter Ultraschalluntersuchung die größte Angst vor einer Fehlgeburt nehmen: Der Embryo lebte.

Blutungen aus der Scheide können erste Anzeichen einer drohenden Fehlgeburt sein. Ziehende oder krampfartige Schmerzen in Unterleib und Rücken kommen oft dazu. Dabei ist die Stärke der Blutung nicht unbedingt ein Grad für die Gefährdung der Schwangerschaft. Auch regelstarke Blutungen haben durchaus nicht immer eine Fehlgeburt zur Folge. Und umgekehrt kann auch ohne alle Anzeichen eine Schwangerschaft während der ersten Wochen zugrunde gehen (Fachausdruck: missed abortion, verhaltene Fehlgeburt). Entscheidend für die Diagnose ist der Nachweis des Herzschlages vom wenige Millimeter kleinen Embryo durch eine Ultraschalluntersuchung. Und diesen Nachweis kann es frühestens ab der siebten bis achten Schwangerschaftswoche geben. Vorher kann die wiederholte Untersuchung der Hormone „Beta-HCG" und „Progesteron" aus dem mütterlichen Blut einen Hinweis auf das Schicksal der Schwangerschaft geben. Eine medizinische Behandlung gibt es bei der drohenden Fehlgeburt nicht. Lediglich „Schonung" und allenfalls Bettruhe werden verordnet, solange es blutet und der Ausgang noch ungewiß ist.

Sinkt der Hormonspiegel ab oder kann kein lebender Embryo gefunden werden, ist die Situation klar: Es wird kein Kind daraus.

> *„Ich fragte den Arzt, ob ich nach dem Eingriff das*
> *Gewebe sehen könnte. Er guckte mich entgeistert an*
> *und sagte, da gäbe es ja kaum etwas zu sehen, und er*
> *dächte, daß das nicht so gut für mich wäre"*
>
> (Fatma, 33 Jahre)

Der Ausdruck „Gewebe" hört sich kalt an, wenn man soeben noch an ein Kind gedacht hat. Aber tatsächlich muß das abgestorbene oder restliche Schwangerschaftsgewebe entfernt werden. Dazu ist ein Eingriff erforderlich, der dem eines Schwangerschaftsabbruchs gleicht. Er kann in Vollnarkose oder in örtlicher Betäubung vorgenommen werden, in der Praxis oder im Krankenhaus. Kühl und medizinisch betrachtet ist es ein eher harmloser Eingriff von drei bis vier Minuten Dauer: Mit einem Plastikröhrchen wird das Gewebe abgesaugt und in einer Glasschale aufgefangen. Mit einem Metallöffel wird die Gebärmutter ausgetastet. Die seelische Seite des Verlustes ist für gewöhnlich nicht so einfach und schnell vorüber wie das Absaugen. Wir sind erstaunt, wie viele Frauen sich das Gewebe anschließend ansehen wollen. Ein vollständiger kleiner Embryo ist ja nur ganz selten zu sehen. Meistens ist nur ein unförmiges Gewebshäufchen erkennbar. Und dennoch scheint das „Nach-Sehen" für viele Menschen den Abschied zu erleichtern, ihre Trauer zu unterstützen. Daher fragen wir die Frauen nach so einem Eingriff, ob sie „es" sehen wollen.

Das kann gerade bei den seltenen späten Fehlgeburten unterstützend sein, weil die Phantasie über das Kind und seine Entwicklung ja noch weiter fortgeschritten sind. Womöglich hatte die Frau schon

Bewegung im Bauch gespürt und dadurch eine innige körperliche Beziehung zum Kind entwickelt. Das „Ansehen" – gleich oder am folgenden Tag – kann das Abschiednehmen unterstützen. Deswegen sollte auch bei späten Schwangerschaftsabbrüchen, die wegen schwerster Fehlbildungen vorgenommen werden, die Frage nicht ausbleiben: „Wollen Sie es ansehen?" Manche Frauen trauen sich nicht, von sich aus zu fragen. Und ablehnen können sie ja immer noch, wenn die Frage freundlich gestellt wird.

„Was geschieht eigentlich mit dem Gewebe?"

Die Frage wird wohl noch häufiger gedacht als gestellt. Ein totes Kind wird schließlich begraben. Aber wo bleibt ein Fehlgeborenes: Wird es einfach weggeworfen? Wird es gar für irgend etwas verwendet?

„Das Gewebe wird zunächst zur Untersuchung gegeben und danach verbrannt, genau wie sonst menschliches Gewebe nach Operationen auch." So ist es. Die Antwort ist klärend. Damit kann man sich besser abfinden.

„Wann darf ich wieder schwanger werden?"

Eine Frist gibt es nach medizinischen Erkenntnissen nicht. Ob die nächste Schwangerschaft gleich im nächsten Monat, nach drei Monaten oder erst nach einem Jahr eintritt, ist für deren Verlauf unbedeutend.

„Ich bin erst nach mehreren Behandlungen mit Medikamenten schwanger geworden. Als ich dann eine Fehlgeburt hatte, war ich so verletzt, daß ich die ganze Prozedur nicht noch einmal auf mich nehmen wollte."

Die Ängste, nach einer Fehlgeburt vielleicht doch kein Kind mehr zu bekommen, sind bei Frauen nach 35 besonders verständlich; vor allem dann, wenn eine Frau erst nach längeren Bemühungen schwanger wurde.

Birgit hat mit 38 Jahren drei Fehlgeburten hinter sich, die letzte vor zwei Jahren. Sie hat kein Kind. „Was zurückliegt, möchte ich nicht wieder zurückholen." Sie möchte deswegen auch kein Gespräch für dieses Buch mit uns führen. Verletzung und Enttäuschung wirken bis heute.

„Frauen und Paare mit diesem Schicksal brauchen möglicherweise noch dringender Hilfe, als solche, die gar nicht schwanger werden", meint Andrea Patzer. Sie arbeitet seit vielen Jahren als Psychotherapeutin, und zwar in Gruppen, mit Frauen, die ungewollt kinderlos sind. Verlust und Verzicht irgendwann zu akzeptieren und andere Lebensziele zu entwickeln: Dafür brauchen viele Frauen nicht nur unaufdringliche Unterstützung von Freundinnen, Schwestern, Partnern und ÄrztInnen, sondern auch von denen, die das gleiche erlitten haben.

Derartige Hilfen können am besten über PRO-FAMILIA-Beratungsstellen erfragt werden.[9]

Matthias, 25, Marianne, 53, mit Katharina, 4, und Paul, 65,
…in dem Alter noch ein Kind!

IV. Wie alles anfing

Über Glück und Unglück am Anfang und über die Reaktionen der anderen

Abraham neigte sein Gesicht zur Erde und lachte in sich hinein.
„Ich bin hundert Jahre alt und Sara ist neunzig", dachte er,
„da sollen wir noch ein Kind bekommen!"
„Deine Frau Sara wird einen Sohn bekommen.
Du sollst ihn Isaak nennen!"
Sara hörte es und lachte lautlos in sich hinein. Sara wußte,
daß sie keine Kinder mehr bekommen konnte. „Aus den Jahren
bin ich heraus", dachte sie, „und mein Mann ist auch zu alt.
Die Zeit der Liebe ist für uns vorbei."
Der Herr vergaß Sara nicht: Er schenkte ihr, was
er versprochen hatte. Sie wurde schwanger und gebar
Abraham noch in seinem Alter einen Sohn.
(I. Mose, Genesis 17–21)

Marianne und Paul leben nicht weit von den Deichen zwischen Elbe und Nordsee. Seit einigen Generationen bewirtschaftet Pauls Familie hier den Hof. Seit 29 Jahren ist Marianne mit ihm verheiratet. Paul ist 65 und hat sich vor einigen Jahren auf „sein Altenteil" zurückgezogen. Der älteste Sohn hat die Bewirtschaftung des Hofes übernommen. Der jüngere begann in Hamburg zu studieren. Nach all den Jahren von Haus-, Land- und Kinderwirtschaft „endlich wieder Zeit, mich meinen Hobbys zu widmen: Porzellanmalerei, Reisen nach Osteuropa wegen der Kunst, Kunstausstellungen organisieren", so Marianne.

Ausruhen und Malerei mußten die beiden erst einmal wieder zurückstellen: Vor vier Jahren haben sie noch ein Kind dazu bekommen. Da war Marianne 49 und Paul war 61. Wir besuchten die beiden und ihre Tochter Katharina auf ihrem Hof.

„Erst mal war ich traurig"

Eigentlich wollten sie eine Reise nach Amerika machen, auch wegen der Silberhochzeit. „Aber ich fühlte mich nicht so gut, hatte abgenommen, die Beine schmerzten." Die Hausärztin hatte sie untersucht und fand nichts außer: „vielleicht die Wechseljahre?"

Sie fuhren lieber im Juli an die Nordsee, „das Watt tat mir immer so gut."

„Im Unterbewußtsein, das wird mir erst heute klar", so Marianne, „hab' ich mich schon mit dem Kinderkriegen beschäftigt, als ich von der Schwangerschaft noch gar nichts wußte. Ich habe gern Familien beobachtet, die Kinder hatten. Und ältere Leute hab' ich mir mit Vorliebe ausgesucht. Ich habe gehorcht, sagen sie nun Mutti oder Omi." Marianne weiter: „Im Sommer am Strand neben uns ein älteres Ehepaar mit einem dicken Jungen. Der aß die gleiche Portion wie sein Vater. ‚So ist das', dachte ich, ‚wenn man noch spät ein Kind kriegt, man hat die ganze Liebe und gibt sie dem Kind, auch wenn es Essen ist.'"

Was Marianne nicht wußte: Sie war bereits in der 20. Woche, die ungewohnten Veränderungen waren wohl der Grund gewesen für die Besuche bei der Hausärztin.

Marianne: „Da denk' ich oft drüber nach: Ich hatte am Strand überlegt, ‚die sieht ja schon so alt aus', hatte gehorcht und gelauscht."

Marianne hatte nicht gemerkt, daß sie ihrer eigenen Geschichte lauschte. Beide Frauen bemerkten das Kind im Bauch selbst im August nicht, als Marianne wieder zur Ärztin ging. Weil die sicher gehen wollte, daß nichts Schlimmes ist, schickte sie ihre Patientin zur Diagnostik in die Klinik-Ambulanz nach Bremen. „Kann es sein, daß sie schwanger sind?" Marianne: „Ich glaube nicht." Sie war in der 25. Woche, wie sich herausstellte.

Das war ein Schock. Sie hatte sich kein Kind „auf ihre alten Tage" gewünscht. Sie weinte und war „sehr, sehr traurig darüber, das muß ich mal so sagen. Es war ja auch zu spät in der 25. Woche". Was sie nicht sagte, aber meinte: zu spät für einen Schwangerschaftsabbruch. Nachdem sie später Katharina ohne Schwierigkeiten und gesund zur Welt gebracht hatte, trieben ihr neben der Freude auch Schuldgefühle die Tränen in die Augen.

„Und für Paul war's auch hart: jetzt noch ein Kind. Er spricht ja nicht so über seine Gefühle."

Marianne und Paul machten – und zwar heftigst – das durch,

was die Wiener Psychotherapeutin und Autorin Beate Wimmer-Puchinger aufgrund ihrer umfangreichen Studien über Schwangere so
benennt:

> *"Geplant oder ungeplant, entsprechend dem*
> *Lebenskonzept – zu früh oder zu spät – eines sollte*
> *für alle jene deutlich sein, die mit schwangeren*
> *Frauen in der Berufspraxis arbeiten:*
> *Die Feststellung der Schwangerschaft löst unweiger-*
> *lich zwiespältige Gefühle aus. Bedenkt man, welche*
> *Veränderungen auf ein Paar einströmen, ... so er-*
> *scheint die Bezeichnung ‚krisenhafte' Reaktion als*
> *adäquat und folgerichtig."* [10]

Mariannes zwiespältige Gefühle ließen sie nicht essen und nicht schlafen, weil sie an das „zu spät" denken mußte.

Schwangerschaftskonflikt nennt man das. „Was spricht bei ihnen
für ein Kind, was dagegen?" Damit haben FrauenärztInnen jeden
Tag zu tun. Meistens ist die Schwangerschaft zu früh gekommen:
„Es geht einfach noch nicht". Seltener ist: „Es geht nicht mehr!"
Früher, als Frauen die Fruchtbarkeit weniger in der Hand hatten, als
oft das letzte Kind so Anfang 40 kam, hörten ÄrztInnen öfter die
Bitte: „Keins mehr, es reicht!"

Nun machen wir die Erfahrung, daß die zwiespältigen Gefühle
bei älteren Frauen selten zum Abbruch der Schwangerschaft führen. Auch dann seltener als bei jüngeren Frauen, wenn sie von dem
ungeplanten Zustand geradezu „überrollt" werden. Und es scheint
uns, daß auch ältere Männer trotz ablehnender Gefühle weniger in
Panik geraten als jüngere. Auch für Paul mit seinen 61 Jahren droh-
te die ungewollte Lebensumstellung mühselig zu werden.

Wer in seinem Leben mehr gesehen und erlebt hat, kann Le-
benskrisen vielleicht besser meistern. Und vielleicht gerät man
nicht so schnell in Panik, wenn man erlebt hat, daß nach Unglück
und Not wieder bessere Zeiten kommen. Sicher ist aber, daß ungeplante „späte Kinder" – trotz des Für-und-Wider – dann eher willkommen sind, wenn ihre Eltern das Leben „besser auf der Reihe"

haben. Partnerschaft, Beruf, Geld, Wohnung, all das bereitet den älteren meist weniger Sorgen als den jungen Leuten.

Sieben geplant, zwölf ungeplant

Das scheinen die Kinder zu ahnen und „schmuggeln sich ein." So hat es jedenfalls auch Gesine (Biologin, Hausfrau) empfunden, die es mit ihren 42 Jahren an „ihrem Prachtbusen" merkte, daß etwas unterwegs war.

Christel (Übersetzerin, drei Kinder in fünf Jahren – alle ungeplant) –, 40, „konnte" es nicht merken: „Ich stillte noch." Daher hatte sie noch keine Regel gehabt. In der 13. Woche kam sie zu uns, weil ihr „was dämmerte". Christel im Gespräch: „Es war eh zu spät, und ich hätte es auch nicht abgetrieben."

Von den 19 Kindern, die unsere Gesprächspartnerinnen zur Welt brachten, waren sieben geplant, zwölf nicht. Unter den zwölfen sind allerdings so erwünschte Kinder wie das von Sigrid (Journalistin), das sich „einschlich", als sie, mit 42 Jahren und nach einer Unfruchtbarkeitsgeschichte, nicht mehr damit rechnete. Bei ihr fing's auch mit dem Busen an, und sie dachte: „Ach, mal wieder mein prämenstruelles Syndrom." Der Regelzyklus war sowieso unregelmäßig. Ihre Ärztin meinte allerdings, daß es sich „verdammt nach Schwangerschaft" anhöre, was sie da beschrieb.

Auch Waltraud (die Politikerin, Zitat: „als 68igerin keinen Kinderwunsch") glaubte mit ihren 45 Jahren eher an eine Hormonstörung. Sie hatte nach 20 Jahren sicherer Verhütung die Pille abgesetzt, aber nicht, weil sie ein Kind plante. Ihre Sekretärin meinte, als Waltraud „so komisch" wurde: „Die Wechseljahre fangen immer so an."

„Da bin ich gleich mehr gejoggt", versichert uns die schmale Person und gibt ihrem Kind die Brust. Daß sie schwanger ist, „hab' ich im Streß gar nicht gemerkt". Das mußte ihr erst der Frauenarzt erzählen, und sie war bereits in der 16. Woche.

„Kann einem von Akupunktur übel werden?" fragte Susanne, die sich wegen einer immer wiederkehrenden Endometriose-Erkrankung – „ich mach' jetzt mal was anderes" – nadeln ließ. Sie galt nach der vierten Bauchspiegelung (zweimal gelasert) als „zu

95 % unfruchtbar" und hatte das Problem Kinderkriegen hinter sich gelassen. Da war sie laut Ultraschall in der achten Woche.

Übrigens stimmen unsere Erfahrungen mit dem Ergebnis einer wissenschaftlichen Studie überein, daß – so das Zitat – „Frauen, die eher zum Schwangerschaftsabbruch tendieren, sich deutlich früher Gewißheit (mit einem Urintest) verschaffen wollen. Frauen, die eine ungeplante Schwangerschaft austragen wollen, nehmen sich dafür länger Zeit."[11]
Genau das beobachten wir – nebenbei bemerkt – auch bei illegal drogenabhängigen (Heroin, Kokain, Schlafmittel) Frauen. Sie bemerken ihren – gewiß meist ungeplanten – anderen Umstand erst spät, typischerweise in der 14. oder 15. Woche, „wenn alles zu spät ist". Und selbst die, die früher etwas bemerkt haben, gehen nicht gleich zum Arzt. Sie treiben seltener ab, als andere junge Frauen in psychosozial ungünstigen Verhältnissen. Mit einem Kind die verfluchte Sucht und elende Drogenkarriere zu überwinden, scheint für sie eine große Chance zu bedeuten: Hoffnung auf ein besseres Leben.

„Auf jedes Wort angewiesen"
Die Reaktionen der anderen

Marianne und Paul leben in geordneten Verhältnissen. Da geht manches natürlich leichter.

Aber dennoch Marianne: „Ich habe es schwer akzeptiert. Wenn ich nicht meine Familie gehabt hätte, ich weiß nicht…"
Paul – beides, gute und schlechte Ernten gewohnt – half seiner Frau schließlich aus ihren Zweifeln: „Wir kriegen das Kleine schon groß. Nun stell dir mal vor, du hättest Krebs!" (Das war gar nicht so abwegig, denn die Hausärztin hatte etwas von „Tumor im Bauch" gesagt, bevor sie Marianne in die Klinik schickte.)

„Da bin ich aufgewacht. Von dem Moment an ging's besser", erinnert sich Marianne.

Die Haltung, aber auch die Worte, die Reaktionen anderer, haben in so einer Zeit besondere Bedeutung. Davon berichten viele

Schwangere. Mehrere unserer Gesprächspartnerinnen hatten Freunden, Verwandten oder Arbeitgeber erst spät von der „guten Hoffnung" erzählt, teils wegen der Möglichkeit einer frühen Fehlgeburt, teils, weil sie das Ergebnis der Chromosomen-Untersuchung erst abwarten wollten.

Für die meisten überraschend hatten sie überwiegend freundliche Reaktionen auf ihre „späte Schwangerschaft" zu spüren bekommen. Christel: „Meine Kinder sprachen jetzt zärtlich von ‚wir fünf'." Sigrid: „Kein Mensch hat mir direkt oder indirekt etwas Verletzendes übers Alter mitgeteilt." Ilona: „Die Freunde gewundert und gefreut." Andrea: „Eltern ganz glücklich. Kolleginnen gratuliert." Das ist normal bei so etwas „Positivem" wie einem, wenn auch ungeplanten, Kind. Ältere erwarten aber offensichtlich andere, bissige oder häßliche, Reaktionen. Die interessierten auch uns mehr.

Waltraut, 44, konnte gleich den Neid ausmachen („partnerlose Frau"), als sie zu hören bekam: „Na ja, das Kind hat gleich 'ne Oma." Die Reaktion von Ilonas Mutter: „Soooo spät noch?" ging ja noch. Sie machte sich Sorgen um die Karriere ihrer Tochter.

Die andere **Waltraud** (die mit d) selbst spätes, 13. (!), Kind später Eltern („meine Eltern waren meine Großeltern, mein Vater ist 92, ein Terrorist") bekam „kaum eine Reaktion meiner Familie". Das ist auch verletzend, hatte aber vermutlich nichts mit Waltrauds Alter zu tun.

Verletzender und bedrohlich waren allerdings die – unnützen – Reaktionen einiger Arbeitgeber, Kollegen oder Vorgesetzten. Schwangere sind absolut unkündbar. Aber gerade ältere Schwangere sind mitunter in wichtigen beruflichen Positionen. Da wollen die Chefs sie nicht missen, möglichst auch nicht vorübergehend. Das hat für die Frauen ja vor allem Vorteile.

Ein Rat: Durch den Anfang müssen Frauen eben durch. Bloß nicht gequält rumdrucksen oder eine beiläufige Bemerkung machen in der Hoffnung, „jetzt müßte er es ja langsam mitbekommen haben." Einen Termin machen beim Chef und ihm die eigenen Vorstellungen schildern, wie frau sich die Kinderbrut, die Versorgung des Haushalts und die Arbeit vorstellt. Am besten mit Zeitplan für die ersten drei Jahre.

Nachdem **Angela** den Rat ihrer Freundinnen umgesetzt hatte, reagierte der Chef zwar wie befürchtet – er war sichtlich enttäuscht, daß die Schwangerschaft für ihn so unvorbereitet bei der frisch vermählten Oberärztin eintrat –, aber es ging ihr gleich besser. Und wir vermuten mal, er wird sehen, was er noch Gutes an Angela haben wird.

Waltraud erntete bei ihren Kollegen gar keinen Beifall: „Mit deiner Schwangerschaft gefährdest du unsere gemeinsame Politik."

Und **Marion**, Autorin, fühlte sich von den Kollegen nicht mehr ernst genommen und nur noch als Muttertier belächelt.

„Ich war auf jedes Wort angewiesen, furchtbar empfindlich", erinnert sich **Marianne**.

Unterstützend empfand sie auch die Reaktion ihres erwachsenen Sohnes: „Ich hab' mir immer 'ne Schwester gewünscht." Er schaffte dann schon mal – eine rührende Reaktion – kleine Hühner für den Nachwuchs an, obwohl Katharina noch gar nicht geboren war. Die engste Freundin hatte erst mal wenig Verständnis dafür, daß „ich jetzt noch einmal die Mutterrolle übernehmen wollte. Sie machte mir Vorwürfe, daß aus unserem gemeinsamen Vorhaben, Ausstellungen und Malerei, ja nichts mehr werden könnte. Sonst hab' ich kein schlechtes Wort zu hören bekommen". Marianne traute sich mit dem Bauch dennoch anfangs nirgendwo hin. Aber die bewundernde Reaktion einer Nachbarin: „Du bist ja noch funktionstüchtig, Frau, in deinem Alter!" erfüllte sie neben der Scham auch mit Stolz. „Im nachhinein denke ich, warum hast du dich mit allem so schwergetan."

Wir haben Marianne in so starker Erinnerung, daß wir alle gern an die Zeit zurückdenken, als sie regelmäßig in unsere Praxis kam.

„Nichts, sei einfach da …"

„Was kommt da auf mich zu? Schaffe ich das? Schafft mich das? Wie verändere ich mich: meine Figur, mein Busen, mein Bauch, meine Beine? Muß ich mit meinem Beruf, meiner eigenständigen

Existenz, auf der Strecke bleiben? Wie verändern wir uns zueinander, unsere Sexualität? Kann ich das Kind lieben? Wird es gesund bleiben? Werde ich gesund bleiben und schön? Schaffe ich das mit dem Geld?"

Kaum eine Frau, die all dem nur gelassen entgegensieht. Sie ist auf die Unterstützung durch andere angewiesen:

Das, was andere sagen, ihr Wort, ihr Rat, ihre Reaktion, hat große Bedeutung.

Gewiß, Schwangerschaft ist keine Krankheit. Aber: wenn die Frau anfangs im Zweifel ist, wenn ihr „so übel" ist, wenn aus „dem Kind" eine Fehlgeburt wird, wenn sie sich wegen vorzeitiger Wehen aus dem Verkehr ziehen muß, wenn sie „so komisch", weil ängstlich, ist, wenn die Geburt so anstrengend wird, wenn mit dem Kind etwas ist, wenn's mit dem Stillen mal nicht so klappt, oder, oder, oder, dann werden wir – wie von Kranken – mit Nöten und Ängsten konfrontiert.

Und daher möchten wir am Ende dieses Kapitels und gewissermaßen zu Beginn der Schwangerschaft allen RatgeberInnen, UnterstützerInnen und BegleiterInnen eine Empfehlung geben. Sie stammt von Ken Wilber, einem Mann, der seine weise Erkenntnis aus der Rolle eines Helfers und Ratgebers gewonnen hat: neben und für seine kranke Frau.

Seinen Rat („sei einfach da") möchten wir an Partner (und zwar auch, wenn diese sie verlassen), Geliebte, FreundeInnen, die Familie, Kollegen sowie Hebammen, Schwestern und ÄrztInnen der Schwangeren weitergeben.

„Als Treya krank wurde, dachte ich, ich brauchte die Sache nur richtig zu managen, das Richtige zu sagen, bei der Wahl der Therapien zu helfen und so weiter, dann würde alles gleich besser werden… Aber das war es nicht, was Treya brauchte. Daß ich mit ihr weinte, das brauchte sie… Man kann dabei auch reden, aber es ist nicht entscheidend.
Man hat jedenfalls bei schlechten Neuigkeiten als Helfer zunächst das Bedürfnis, dem anderen seine Angst und sein Entsetzen auszureden. Das ist alles in

*allem die falsche Reaktion. Zunächst einmal fühlt
man sich ein und fühlt mit. Wie entscheidend wichtig
das ist, wurde mir nach und nach klar: einfach bei
dem anderen sein und keine Angst vor seiner Angst
oder seinem Schmerz oder seiner Wut zu haben,
hochkommen zu lassen, was hochkommen will, und
vor allem nichts zu unternehmen, was den anderen
von seinen quälenden Empfindungen befreien
soll. Ich neigte immer dann zu dieser Art des
„Helfens", ... wenn ich mit Treyas oder meinen
Gefühlen nicht konfrontiert sein wollte, ... kurz,
wenn ich sie lossein wollte.
Und das zu lernen fällt vielen Menschen so schwer.
Mir ganz bestimmt. Ich brauchte fast ein Jahr, bis
ich aufhörte, die Dinge in Ordnung bringen oder
bessern zu wollen... Was kann ich also tun?
Nichts, sei einfach da..."[12]*

V. „Hauptsache, es ist gesund!"

Pränatale Diagnostik oder:
über die Untersuchungen
des Kindes vor seiner Geburt

Ein Fall aus unserer Praxis

Ute war 31, als sie ihr erstes Kind bekam. Unter der Geburt waren die kindlichen Herztöne so langsam geworden, daß die Ärztin vorsichtshalber die Geburt durch einen Kaiserschnitt beendete. Bei der Untersuchung durch den Kinderarzt stellte sich heraus, daß Utes Sohn mit einem Down-Syndrom geboren wurde: Die schräggestellten Augen, die fehlenden Lidfalten, der kleine Kopf deuteten auf jene geistig-körperliche Behinderung hin, die volkstümlich „Mongolismus" genannt wird.

Jetzt ist der kleine Robin sechs Jahre alt. Er begleitet seine Mutter in die Praxis zum Arztbesuch. Robin ist oft krank, hat häufig Infekte, Lungenentzündung. Er ist in seiner geistigen Entwicklung, z. B. mit der Sprache gegenüber Gleichaltrigen, erheblich „zurück". Robin wird nie ein selbständiges Leben führen können, wird sein Leben lang auf Hilfe, Fürsorge und die Unterstützung durch andere Menschen angewiesen sein. Und viel stärker als andere Kinder braucht er die Betreuung durch seine Eltern. Ute ist „angebunden" bis auf die sechs Stunden, die Robin täglich im Kindergarten verbringt. Er hat wie viele Kinder mit Down-Syndrom ein herzerwärmend freundliches Wesen und liebt das Schmusen wie überhaupt alles Körperliche.

Ute liebt Robin und möchte ihren Sohn nicht hergeben. Das war nicht immer so. Sie erzählte uns ihre Geschichte.
Gleich nach der Geburt, als sie erfuhr, was mit ihm „los ist", war sie verzweifelt. Ihr war genau das passiert, wovor sie während ihrer Schwangerschaft, ohne viel darüber zu sprechen, die größte

Ute, 37, ihr Mann Torsten, 40, Robin, 6, und Leonie 3 Jahre.
Ute nach Robins Geburt: „Ich werde nie mehr lachen können."

Angst hatte: Ein geistig-körperlich behindertes Kind. Beim ersten Infekt wünschte sie dem Kleinen, ihrem Sohn, lieber einen schnellen Tod als all die Schwierigkeiten, die diese Behinderung für alle mit sich bringen würde. Ute befürchtete damals: „Ich werde nie mehr lachen können, nie mehr verreisen können und jeden Morgen werde ich mit dem Gedanken an mein behindertes Kind aufwachen." Sie haderte mit ihrem Schicksal: „Warum gerade ich?"

Ute war mit 31 Jahren Mutter geworden. In diesem Alter sind die Chancen, ein Kind mit dieser Behinderung zu bekommen, eigentlich recht klein.

Behinderungen: Diagnostik und Konsequenzen
Sonnen- und Schattenseiten der Pränatalmedizin

Schwerwiegende Behinderungen von Neugeborenen: Das sind zum einen solche, die von vornherein bei einem Kind so angelegt sind (z. B. Down-Syndrom) und zum anderen jene, die erst durch Komplikationen in der Schwangerschaft (z. B. Infektionen) oder durch eine mißglückte Geburt (z. B. Mangeldurchblutung oder Frühgeburt) entstehen. Aus verschiedenen Gründen sind kindliche Behinderungen wegen mißglückter Geburten während der letzten drei Jahrzehnte seltener geworden. Die Gründe: Frauen arbeiten körperlich weniger schwer, gebären weniger Kinder, sorgen besser für sich, bereiten sich besser auf die Geburt vor und werden bei Schwangerschaft und Geburt medizinisch erheblich besser betreut. Deshalb werden Störungen in der Schwangerschaft und Komplikationen unter der Geburt meistens rechtzeitig erkannt und behandelt. Die Babys älterer Mütter sind aus diesem Grunde bei ihrer Geburt nicht häufiger krank, gestört oder behindert als die junger Mütter. Das ist das Ergebnis verschiedener neuer wissenschaftlicher Studien über „Spätgebärende", **und das ist die Sonnenseite der Medizin.**

Die Zahl der angeborenen Behinderungen (Fehlbildungen) hat sich insgesamt wenig verändert. Statistisch gesehen treten sie bei vier von 100 geborenen Kindern auf. Sie werden verursacht durch Infekte in der Schwangerschaft wie Röteln oder Toxoplasmose, Alkoholgenuß von Schwangeren, giftigen, aber meist verborgenen Chemikalien in unserer Umgebung oder durch Fehler in den Erbanlagen, z. B. Gen- und Chromosomenfehler. Nur Behinderungen durch Chromosomenfehler kommen bei Kindern von späten Müttern häufiger als von jüngeren vor.

Fragt man Schwangere nach ihren Ängsten, so steht die Angst vor „Mißbildungen beim Kind" an erster Stelle, egal, ob die Frau 20 oder 40 ist. Alle Frauen denken irgendwann in ihrer Zeit „der guten Hoffnung" daran, die einen mehr, andere weniger. Dazu kommen dann weitere Ängste: vor Geburtskomplikationen, vor Schmerzen, alleingelassen zu werden, vor Unruhe im Kreissaal, vor den unbekannten Personen: Hebammen, Ärzten.

Diese Ängste mit der Frau sorgfältig zu besprechen, ihnen nachzugehen, sie abzuklären, aber sie möglicherweise auch zurechtzurücken, ist die Aufgabe der Schwangerenberatung und -betreuung von uns FrauenärztInnen. Zu dieser Betreuung sind während der letzten 20 Jahre neuartige medizin-technische Untersuchungsmethoden dazugekommen. Sie werden pränatale, also vorgeburtliche, Diagnostik genannt. Und sie haben das Ziel, Fehlbildungen, Erkrankungen und Behinderungen eines werdenden Kindes (des Fetus) möglichst lange vor seiner Geburt festzustellen oder auszuschließen.

Wir werden diese Methoden im folgenden besprechen, aber nur soweit, wie sie speziell für das erhöhte Fehlbildungsrisiko der älteren Schwangeren Bedeutung haben:

1. Methode: die Chromosomenanalyse beim Kind
Dazu müssen kindliche Zellen gewonnen werden. Die einfachste Möglichkeit:
- **aus einer mütterlichen Blutprobe**
  ist zur Zeit noch in Erprobung und wird erst in einigen Jahren zur Verfügung stehen. Daher werden die Zellen meistens durch
- **die Fruchtwasserpunktion (Amniozentese)** gewonnen
  oder – seltener – durch
- **eine direkte Gewebeprobe (Chorionbiopsie).**
  Zur Ermittlung des persönlichen Risikos für ein Down-Kind kann
- **der „Triple-Blut-Test"** verwendet werden. Er liefert keine Diagnose, sondern nur eine „Risikozahl".

2. Methode: die Ultraschalluntersuchungen

Entwicklungsfehler oder -störungen werden mit Schallwellen sichtbar gemacht.

Glücklicherweise können wir mit diesen Untersuchungstechniken den meisten Frauen, den meisten werdenden Eltern, die eine solche Untersuchung wünschen, bestätigen, daß wir „keine Auffälligkeiten" am werdenden Kind entdecken. Nach einer Ultraschalluntersuchung in der 20. Woche heißt es dann z. B.: „Arme und Beine sind vollständig, Kopf und Körper in guter Form, die Organe erscheinen regelrecht." Oder drei Wochen nach einer Fruchtwasserpunktion zur Chromosomenanalyse erfahren die meisten werdenden Eltern: „Ihr Kind wird keine Behinderung durch eine Störung seiner Chromosomen (wie z. B. Trisomie) haben. Außerdem besteht keine Spaltbildung der Wirbelsäule (offener Rücken)."

Wir wollen wissen, daß es normal ist.
Aber wollen wir wirklich wissen, ob das Kind krank
oder behindert sein wird?

Die Angst vor einem behinderten Kind mag durch solche ärztlichen Bestätigungen geringer werden. Auch der Mut, überhaupt ein Kind zu wagen, kann durch die Möglichkeit moderner Untersuchungstechnik bei manchen Menschen gestärkt werden. Dennoch gibt es auch nach noch so sorgfältiger pränataler Diagnostik mit Ultraschall und Chromosomen-Tests bisher **keine Gewähr für ein unbehindertes oder gesundes Kind. Warum?**

– **Zum einen:** Manche schwere Behinderung oder Erkrankung ist selbst mit modernster Diagnostik nicht erkennbar.
– **Zum anderen, und was viele nicht wissen:** Die meisten schweren Behinderungen von Neugeborenen sind durch einen komplizierten Schwangerschaftsverlauf oder/und Geburtskomplikationen entstanden.

Dabei sind die sehr kleinen (weniger als drei Pfund) und viel zu früh geborenen Kinder (vor der 32. Schwangerschaftswoche) das Hauptproblem für spätere geistig-körperliche Störungen. Das aber ist kein besonderes Problem der Älteren. Solche extremen Frühgeburten „erleiden" sie nicht häufiger als die jungen.

Was aber ist dann, wenn eine dieser vorgeburtlichen Untersuchungen, Ultraschall oder Chromosomenanalyse, zu dem Ergebnis
kommt, daß mit dem Kind, mit dem Fetus, „etwas nicht stimmt"?

Ein Schock. Ein Herzfehler, der später operiert werden kann,
mag ja gehen, mögen wir denken, und eine Hasenscharte auch.
Aber was wäre mit einer Rückenmarksfehlbildung, mit einem „offenen Rücken": Ein womöglich geistig behindertes Kind im Roll-
stuhl? Und was wäre mit einer Down-Behinderung wie bei Robin?

Wir – ÄrztInnen, GenetikerInnen und werdende Eltern – sollen
uns klarmachen, daß der eigentliche Grund für moderne pränatale
Diagnostik ja nicht darin liegt, den 99 „normalen Schwangeren" zu
bestätigen, daß bei ihnen tatsächlich alles normal ist. Auch wenn es
uns oft bei der täglichen Arbeit genauso erscheinen mag, wenn wir
gefragt werden: „Können wir noch mal unser Kind im Ultraschall
sehen?" Wir treiben diesen riesigen Aufwand in Wirklichkeit nicht
zur Beschwichtigung normaler Ängste. Der eigentliche Grund für
pränatale Diagnostik ist, den einen Fetus mit schwerer Abweichung
herauszufinden. Die Frau muß, die werdenden Eltern müssen dann
entscheiden, was nun werden soll: Geburt oder Abtreibung? Und
diese Entscheidung ist für viele trotz fachlich guter und menschlich
feinfühliger Beratung schrecklich oder schrecklich schwer.

**Vorgeburtliche Diagnostik verbessert keinen Chromoso-
men-Defekt und hilft dem Fetus nur selten. Sie führt nur in
einigen wenigen Fällen zu einer pränatalen Therapie, zur
Rettung oder Heilung eines kranken Fetus.**

Für gewöhnlich und bislang in der großen Mehrzahl führt „er-
folgreiche" pränatale Diagnostik zur Verhinderung der Geburt eines
behinderten Kindes. Es wird vermutlich kaum noch Down-Kinder
wie Robin geben, wenn in wenigen Jahren ein einfacher und risiko-
loser Chromosomentest zur Verfügung stünde.

Die meisten Frauen und Männer, die durch eine Untersuchung
von der schweren Behinderung ihres werdenden Kindes erfahren,
entscheiden sich für eine Abtreibung des Fetus. Und viele sehr
schweren Herzens. Das ist die „Schattenseite" der modernen pränatalen Diagnostik.

Aus diesem Grund gibt es werdende Mütter und Väter, die diese Tests ablehnen, weil sie glauben, eine derartige Entscheidung nicht treffen zu können oder weil sie das nicht wollen.

Das Kapitel „VORGEBURTLICHE DIAGNOSTIK" nimmt in diesem Buch großen Raum ein. Warum? Bei etwa 800 000 Geburten pro Jahr in Deutschland werden jedes Jahr etwa 1200 Kinder mit Down-Syndrom geboren. Das ist die bei weitem häufigste und bekannteste chromosomenbedingte Behinderung. Die Chance, ein chromosomengestörtes Kind zu bekommen, ist um so größer, je älter die Mutter bei dessen Geburt ist. Auch wenn ihre Chancen für ein „normales" Kind über 100mal größer sind: Viele, die „späte Mütter" werden, nehmen eine „eingreifende Diagnostik" in Kauf, um sich – je nach Ergebnis – eventuell doch für einen späten Schwangerschaftsabbruch entscheiden zu können.

So lassen gegenwärtig in Deutschland jährlich etwa 50 000 Frauen wegen „später Schwangerschaft" (also von 35 Jahren an aufwärts) eine Fruchtwasserpunktion (Amniozentese) oder eine Gewebeprobe (Chorionbiopsie) machen, weil ein einfacherer Test noch nicht verfügbar ist. Das sind mehr als die Hälfte aller schwangeren Frauen über 35. Und fast alle Schwangeren wollen ihr Kind mit Ultraschall untersuchen lassen, so wie es von den meisten FrauenärztInnen empfohlen wird.

„Wird mein Kind ein Down-Kind?"
1. Methode: über die Chromosomenanalyse

Daß Ute ein „Down-Kind" bekommen hat, ist Zufall. Weder sie noch ihr Mann tragen „Schuld" daran. Es hat keine Rolle gespielt, ob sie geraucht oder Alkohol getrunken hat, ob sie Medikamente eingenommen oder Streß gehabt hat, ob die Schwangerschaft leicht oder die Geburt schwierig war. Im Augenblick der Vereinigung von Ei- und Samenzelle, der Mischung von mütterlichen und väterlichen Chromosomen, wurde darüber entschieden. Robins „21er-Chromosom" bekam in diesem Augenblick eine zufällige Besonderheit: Das 21. Chromosom, sonst in jeder unserer Körperzellen zweimal vorhanden, mischte sich in Robins Zellen gleich dreimal hinein. Deshalb heißt diese Chromosomen-Störung „Trisomie 21".

Der englische Arzt Dr. Langdon Down kannte die Ursache für diese Behinderung noch nicht, als er sie im Jahre 1886 als erster beschrieb. Er nannte die Störung „Mongolismus" nach dem Aussehen der Bewohner der Mongolei.

Kinder mit Down-Syndrom sind meistens als solche äußerlich zu erkennen, obwohl keines völlig dem anderen gleicht: Die Augenstellung ist schräg, die Ohren sind auffällig klein, ihr Mund steht meist offen, weil die Zunge so groß ist. Arme und Beine sind normal geformt, aber Hände und Füße sind eher klein und kurz. Viele Down-Kinder (40%) haben einen Herzfehler, der mitunter bald nach der Geburt operiert werden muß. Viele sind infektanfällig.

Lachen, sitzen, stehen, sprechen: Down-Kinder brauchen für diese Meilensteine der Entwicklung etwa doppelt so lange wie ihre nichtbehinderten Altersgenossen. Die Mehrzahl ist geistig mäßig beeinträchtigt, einige schwer. Gerade bei Down-Kindern gibt es sehr unterschiedliche Schweregrade der Behinderung. Die „Frühförderung" verbessert die geistigen, seelischen und körperlichen Entwicklungschancen erheblich, so daß manche lesen und schreiben lernen. Und es sind sehr oft fröhliche Kinder mit großem Bedürfnis nach Zärtlichkeit und voll Zärtlichkeit für andere. Aber sie werden sich auch bei optimaler Unterstützung nie allein versorgen können. Die Frage ist, ob wir das als Mütter oder Väter aushalten können und wollen.[13]

Chromosomen

sind kleine, stäbchenartige Gebilde, die im Kern jeder unserer
Körperzellen arbeiten. Sie sind so klein, daß sie nur nach
künstlicher Färbung und bei stärkster mikroskopischer
Vergrößerung beobachtet werden können. Sie tragen
unsere sämtlichen Erbinformationen (= Gene).
In jeder Körperzelle arbeiten 23 Paare, also
46 Chromosomen. Aber in den Eizellen
und in ihren Samenzellen haben
Frauen und Männer jeweils
23 einzelne Chromosomen.
Sie treffen bei der Befruchtung
aufeinander und vereinigen sich so,
daß das „neue Wesen" eine Mischung von
wiederum 23 Paar Chromosomen besitzt. Ihre Form
und Zahl entscheiden über Aussehen, Anatomie und viele
körperliche und geistige Eigenschaften dieses neuen Wesens.

Eines von 650 Kindern kommt mit einem Down-Syndrom zur Welt. Die Wahrscheinlichkeit für Utes „Zufall" war mit ihren 31 Jahren etwa 1 : 800. Down-Syndrom kommt um so seltener vor, je jünger Frauen bei der Geburt eines Kindes sind. Mit 31 werden also 799 von 800 Kindern ohne diese Behinderung geboren. Bei Frauen im Alter von 35 ist die Wahrscheinlichkeit größer: Eines von 400 Kindern hat eine Down-Behinderung, 399 jedoch nicht. Das Risiko mit 35 beträgt also 1 : 400. Und mit 40 liegt das Risiko etwa bei 1 : 90.

Down-Syndrom (Trisomie 21) ist nicht die einzige, aber die häufigste Chromosomenstörung, bei der ein lebensfähiges, behindertes Kind geboren wird. Bei anderen Störungen wie Trisomie 13, 18 und 22 kommt es selten zur Geburt eines Kindes, häufig zu einer Fehlgeburt. Weitere Störungen wie „Turner-Syndrom" (XO) und „Klinefelter" (XXY) gelten als leichtere körperliche Behinderungen. Und bei einer Chromosomen-Abweichung vom Typ XYY ist z. B. schon gar keine Behinderung mehr vorhanden.

Ob wir z.B. ein Risiko von 1 : 400 nun als groß oder als relativ klein einschätzen, hängt erstens von einem Vergleich mit anderen Risiken und zweitens von unserem Lebensgefühl ab.

„Ich gehöre sonst auch im Leben zu den 399, bei denen es gut geht. Daher will und brauche ich keine Fruchtwasseruntersuchung, ob die Chromosomen stimmen. Natürlich wünsche auch ich mir kein behindertes Kind. Aber das kleine Risiko kann ich tragen. Immerhin hat die Untersuchung ja auch ihr Risiko", sagt uns Angelika, 35, in der Beratung.

„Ich glaube, daß ein schwer behindertes Kind mein Leben zerstören würde. Man weiß gar nicht, was da auf einen zukommt. Ich lass' die Punktion machen", sagt uns Elke, 34 Jahre. Ihr Risiko für ein Down-Kind ist etwa 1 : 500. Die Wahrscheinlichkeit, eher zu den 499 zu gehören, reicht ihr nicht. Die Angst, das wissen wir alle, ist nicht einfach eine Frage von Zahlen.

So ist es auch zu verstehen, daß die Zahl von vorgeburtlichen Chromosomenuntersuchungen Jahr für Jahr steigt: Es gibt immer mehr Informationen zu diesem Thema in Zeitschriften und im Fernsehen. Immer mehr ÄrztInnen sprechen mit „ihren" Schwangeren darüber und bieten ihnen diese Diagnostik an. Und drittens gibt es zunehmend mehr SpezialistInnen, die solche Eingriffe vornehmen und mehr und mehr Laboratorien, die in der Lage sind, die teure und technisch aufwendige Chromosomenanalyse zu erstellen.

Mittlerweile geraten Frauen jenseits von 35 geradezu unter Druck, „die Analyse bloß machen zu lassen". Wer sich dagegen entscheidet, muß sich manchmal schon rechtfertigen („willst du etwa ein behindertes Kind?") und braucht Mut, gegen den Strom der vermeintlichen Vernunft zu schwimmen.

„Viele Schwangere, die zu uns überwiesen werden, wissen gar nicht so genau, wovor sie eigentlich Angst haben, und manche sind vorher, wenn überhaupt, sehr oberflächlich beraten worden", sagt uns die Humangenetikerin, Frau Dr. Marschner-Schäfer, in deren Praxis täglich mehrere Fruchtwasserpunktionen vorgenommen werden. „Wenn ein Chromosomenfehler gefunden wird, sagt das ja nicht automatisch etwas über den Schweregrad der Behinderung aus."

Statistische Chance der Geburt eines Kindes mit Down-Syndrom in Abhängigkeit vom Alter der Mutter.

Alter (Jahre)	Risiko für Down-Syndrom (etwa)	Alter (Jahre)	Risiko für Down-Syndrom (etwa)
21	1: 1500	39	1: 150
30	1: 900	40	1: 90
31	1: 800	41	1: 70
32	1: 700	42	1: 60
33	1: 600	43	1: 50
34	1: 500	44	1: 40
35	**1: 400**	45	1: 30
36	1: 300	46	1: 25
37	1: 250	47	1: 20
38	1: 200	48	1: 15
		49	1: 10

Das ist besonders bei der Down-Behinderung („Mongolismus") der Fall. Die wenigsten kennen Down-Kinder und deren Eltern aus persönlichem Kontakt oder Alltagsleben. Daher bleibt die Angst vor „so einem Kind" sehr unbestimmt. Down-Kinder haben ein zu schlechtes Image. Aufgabe einer guten Beratung aber wäre es auch, Behinderungen zu erklären und damit manche Ängste ein wenig zurechtzurücken. Das kostet Zeit.

Ob jemand eine Fruchtwasserpunktion machen läßt oder lieber doch nicht, das ist eine sehr individuelle Entscheidung und nicht einfach durch eine Altersgrenze zu bestimmen.

„Vor jeder pränatalen Diagnostik sollte ein ausführliches Gespräch stattfinden, und das geht kaum in fünf Minuten", sagt uns die Humangenetikerin. Im Gespräch soll geklärt werden:
- Welche Behinderungen können überhaupt erkannt werden?
- Welche Untersuchungen gibt es?
- Wie sicher ist das Ergebnis?
- Wie geht die Untersuchung vor sich?
- Welches Risiko entsteht durch die Untersuchung für das Kind (Fetus) und für die Frau?
- Wie lange muß ich auf das Ergebnis warten?
- Was ist, wenn ich erfahre, daß mit dem Kind etwas nicht in Ordnung ist?

Dieses Gespräch kann der betreuende Frauenarzt führen oder der Spezialist, an den die Frau überwiesen wird. Auf keinen Fall sollte es so „hopp, hopp" gehen, wie das eine Frau bei ihrem Arzt erlebt hat, als er ihr eine Blutprobe zur sogenannten Triple-Diagnostik entnahm und dazu sagte: „Wir wollen nur mal sehen, ob ihr Kind auch gesund ist."
Die Entscheidung für oder gegen eine Chromosomenanalyse oder einen ausführlichen Ultraschalltest liegt auf jeden Fall bei der Frau oder den werdenden Eltern.

Die **Chromosomen** eines Lebewesens befinden sich in dessen Zellen, und zwar in deren Zellkern. In jeder einzelnen Körperzelle sind immer die gleichen Chromosomen vorhanden. Um die Chromosomen eines werdenden Kindes (Fetus) untersuchen zu können, braucht man also fetale Körperzellen. Deren Entnahme ist bisher jedoch nicht ohne Gefahr möglich: Entweder muß eine kleine Probe aus dem Fruchtwasser entnommen werden (Amniozentese), aus dem kindlichen Teil des Mutterkuchens, der Plazenta (Chorionbiopsie) oder aus der Nabelschnur des Fetus (Chordozentese). Immer ist es ein Eingriff bei der Frau, und jeder Eingriff dieser Art kann mit Komplikationen verbunden sein: **Im Durchschnitt kommt es bei einer von 100 Schwangeren (=1 %) durch den Eingriff zu einer Fehlgeburt (Abort).**

Deshalb werden derartige Tests Schwangeren empfohlen, die – statistisch gesehen – ein deutlich erhöhtes Risiko für Chromosomenveränderungen haben, also z. B. Frauen, die älter als 35 sind.

„Alles im Blut"
Eine Blutprobe von der
Mutter könnte in wenigen Jahren ausreichen:
ein Chromosomen-Test ohne Risiko?

Nicht durch eine wissenschaftliche Zeitschrift, sondern durch einen Artikel aus der Wochenzeitung DIE ZEIT vom 18. Juni 1993 erfuhren die meisten deutschen FrauenärztInnen von einem neuen, risikolosen Verfahren zur Pränatal-Diagnose, das sich in der Erprobungsphase befindet. Unter der Überschrift „Alles im Blut" berichtete Ludwig Kürten von dem neuen Test, der eine Diagnose aus einer einfachen Blutprobe von der werdenden Mutter ermöglichen soll.

Die mit einem Eingriff bisher verbundene Gefahr entfällt, wenn man Zellen des Kindes einfach aus einer Blutprobe der Mutter isoliert. Bisher scheiterte dies daran, daß nur sehr wenige kindliche (fetale) Blutzellen ins Blut der Mutter übertreten. Unter einer bis 100 Millionen mütterlicher Blutzellen schwimmt dort nur eine kindliche Zelle. Für eine Chromosomendiagnose ist aber eine gewisse Zellmenge erforderlich.

„Das Verfahren, das nun von Dorothee Gänshirt-Ahlert und Wolfgang Holzgreve von der Universitätsklinik Münster entwickelt wird, nutzt mehrere Tricks, um kindliche Zellen aus der Blutprobe anzureichern", berichtet Kürten in seinem Beitrag. Mütterliche und kindliche rote Blutzellen (Erythrozyten) unterscheiden sich nämlich in einem wichtigen Punkt: Die kindlichen Blutzellen besitzen einen Zellkern, weil sie noch unreif sind. Die der Mutter haben ihren Zellkern bereits verloren, weil sie reif sind. Und weil die verschiedenen Zellen unterschiedlich schwer sind, lassen sie sich durch Spezial-Zentrifugen voneinander trennen. Am Ende sind dann ausreichend kindliche Zellen vorhanden, um eine Diagnose zu stellen.

In einem zweiten Schritt wird nun die angereicherte Probe mit den kindlichen Blutzellen genetisch untersucht. Dazu fügen die Mediziner bestimmte Eiweiß-Moleküle, sogenannte DNA-Sonden, hinzu. Die Forscher setzen „Sonden" ein, die bestimmte Teile der Chromosomen 13, 18 und 21 in den Zellkernen markieren können. Nur Trisomien dieser Chromosomen sind für eine vorgeburtliche Diagnostik bedeutsam. An jede „DNA-Sonde" ist zusätzlich ein fluoreszierendes Farbstoffmolekül gekoppelt. In einem Fluoreszenzmikroskop kann man dann alle markierten Moleküle leicht identifizieren. Eine Trisomie (z. B. Trisomie 21 = Down-Behinderung) ist daran erkennbar, daß in einer Zelle drei Leuchtmarkierungen anstelle der üblichen zwei auftreten.

Eine Chromosomen-Diagnose wäre mit diesem Verfahren schon vor der achten Schwangerschaftswoche möglich, und das Untersuchungsergebnis läge bereits wenige Tage nach der Blutentnahme vor.

Zur Zeit führen die Münsteraner Mediziner eine Studie an einigen hundert Untersuchungsfällen durch, um die Zuverlässigkeit des Verfahrens unter Beweis zu stellen. Nach ihrer Meinung könnte dieses neue Verfahren in etwa zwei Jahren, also 1995 zugelassen werden. Es ist beabsichtigt, ein zentrales Labor einzurichten, in dem Proben aus der ganzen Bundesrepublik bearbeitet werden. Dann, so hoffen die Forscher, könnten alle Schwangeren, die einen solchen Test wünschen, die Untersuchung nach einer ärztlichen Beratung durchführen lassen. Falls der Bluttest dann einen Verdacht auf Chromosomenfehler anzeigt, müßte sich zur Absicherung allerdings eine Fruchtwasserpunktion anschließen.

Fruchtwasserpunktion (Amniozentese)
Abwägung von Nutzen und Risiko:
ein kleiner Eingriff mit großer Bedeutung

Schon seit über 25 Jahren ist die Methode der Fruchtwasserpunktion bekannt und erprobt. Sie ist derzeit die am häufigsten benutzte Methode, um kindliche Zellen für eine sichere Chromosomen-Diagnose zu gewinnen.

Da im Fruchtwasser einige Zellen schwimmen, die von der kindlichen Haut abgeschilfert sind, geht es darum, solche Zellen aus einer Fruchtwasserprobe zu gewinnen, um sie genetisch zu untersuchen.

Das aber ist erst zu einem relativ späten Zeitpunkt in der Schwangerschaft möglich. Erst nach der 13. Woche ist die Fruchthöhle so groß, daß man sie erfolgreich und ohne erhöhte Gefahr punktieren kann. Die meisten Punktionen finden später statt, zwischen der 15. und 17. Woche.

Bereits in der 15. Schwangerschaftswoche ist der Embryo etwa acht Zentimeter lang. Er bewegt sich und schwimmt in einer Wasserblase (Amnion), die sich innen an die Gebärmutterwand schmiegt. Das ist seine Fruchthöhle. Sie hat einen Durchmesser

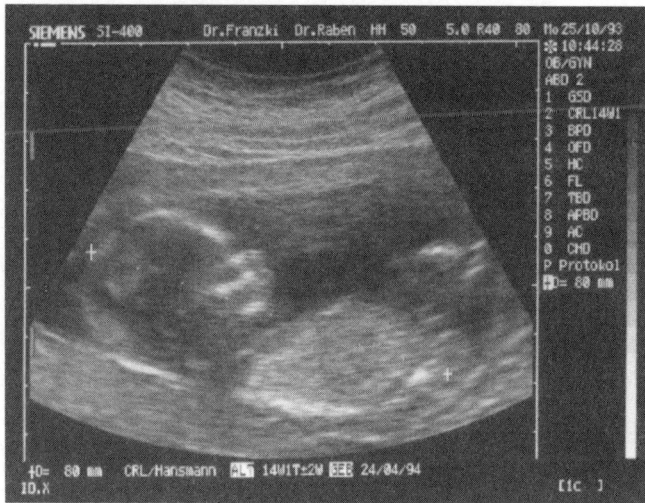

Abb.3: Ultraschallfoto: Fetus und Fruchthöhle in der 15. SSW

von etwa zehn Zentimetern und ein Volumen von rund 150 ml. Das ist etwa soviel wie ein volles Glas Wasser. In diesem Fruchtwasser schweben die kindlichen Hautzellen, um die es geht.

„Ich habe mir vorgestellt, wie schmerzhaft es ist, wenn mit einer Nadel in meinen Bauch gestochen wird und daß dabei vielleicht mein Kind verletzt wird", erinnert sich Marion, 35. Ihre Erfahrung: „Es hat dann kaum weh getan, etwa so wie sonst beim Blutabnehmen. Die Angst war umsonst."

Die meisten FrauenärztInnen machen die Fruchtwasserpunktion nicht selbst. Sie überweisen die Frauen nach der Beratung an SpezialistInnen, die solche Punktionen täglich mehrmals machen und deshalb darin sehr geübt sind. So gehen einige schon dazu über, die Amniozentese bereits in der 15. Woche vorzunehmen, um vor der 18. Woche das Ergebnis zu haben. Der Eingriff kann ambulant gemacht werden.

Der Eingriff

Zuerst wird eine ausführliche Ultraschalluntersuchung gemacht. Auf dem Bildschirm sieht man den Fetus, seine Bewegungen, das Fruchtwasser, die Nabelschnur und den Mutterkuchen (die Plazenta). Dann wird die Bauchhaut desinfiziert. Der Arzt sucht sich eine Stelle unterhalb des Bauchnabels aus, die Stelle, an der er mit der Punktionsnadel durch die Bauchhaut gehen will. Die Lage und die Bewegungen des Kindes kann er ständig auf dem Bildschirm beobachten. Dann „piekt" er im richtigen Moment mit der Nadel durch die Bauchdecke und durch den Gebärmuttermuskel und erreicht die Fruchthöhle. Er achtet darauf, daß das Kind nicht verletzt wird. Jetzt saugt er einen kleinen Teil des Fruchtwassers (etwa 20 ml) für die Untersuchung in die Spritze und zieht die Nadel wieder aus dem Bauch.

Die Einstichstelle der elastischen Eihaut verschließt sich sofort. Auf die Bauchhaut wird ein Pflaster geklebt. Der Eingriff hat wenige Minuten gedauert.

Manchmal kann der Arzt bei der Punktion kein Fruchtwasser bekommen. Dann versucht er es ein zweites Mal an einer anderen Stelle.

Die meisten Frauen berichten, daß der Schmerz beim Eingehen mit der Nadel gering ist, unbedeutend jedenfalls im Vergleich zu ihrer Angst, daß das Kind verletzt werden könnte. Und das passiert tatsächlich so gut wie nie.

„Meine Vorstellung von der Nadel in der Fruchthöhle, das war das schlimmste". Christel ist 40. Sie brachte ihre drei Kinder innerhalb von fünf Jahren zur Welt. Sie hat drei Amniozentesen hinter sich und keine schlechte Erfahrung dabei gemacht.

Nach der Punktion ruht sich die Frau in der Praxis aus. Bevor sie nach Hause geht, wird sie untersucht:
- mit einer Wehenschreibung soll ausgeschlossen werden, daß durch die Amniozentese unmittelbar Wehen ausgelöst wurden und
- mit dem Ultraschall, daß Fruchtblase oder Fetus durch die Punktion Schaden genommen haben.

Bettruhe am Tag des Eingriffs, zwei weitere Tage der Schonung und einige Tage Krankschreibung (Arbeitsunfähigkeit) sorgen für die nötige Sicherheit nach einer Amniozentese. Einige Tage danach läßt sich die Frau bei ihrem Frauenarzt noch einmal untersuchen, um sicher zu sein, daß dem Kind nichts passiert ist.

…und das Risiko:

Bei 99 von 100 Frauen geht es gut, aber eine erleidet durch die Punktion eine Fehlgeburt. Auch bei korrekt durchgeführter Amniozentese: Dieses ist das statistische Risiko, das der „kleine Eingriff" in die Gebärmutterhöhle mit sich bringt, 1 %. Sehr geübte SpezialistInnen kommen in „ihren Statistiken" auf „nur" 0,5 %.

Gewiß, die Chance, daß es gutgeht, ist 99 mal oder 199 mal größer. Aber dieses eine Unglück wiegt deshalb so schwer, weil die Frau ein gewünschtes und vermutlich ja auch gesundes Kind verliert. Wer das als Arzt oder Ärztin miterlebt hat, wird vorsichtig mit „Empfehlungen" zur Fruchtwasserpunktion.

Sibylle ist 34 Jahre und hat Glück gehabt: Sie bekommt in den nächsten zwei Wochen ihr Kind. „Eine Amniozentese würde ich beim zweiten Kind nicht mehr machen lassen", versichert sie. Der Schreck sitzt tief. Dabei hatte sie sich klar für eine Amniozentese entschieden, denn „alleinerziehend mit einem mongoloiden Kind, das würde ich nicht schaffen". Was war passiert? Zwei Tage nach der Punktion war Fruchtwasser aus der Scheide gelaufen, sie war in die Klinik gefahren, und dort räumte man ihrer Schwangerschaft kaum mehr Chancen ein. Dennoch kam es anders. Nach einer Woche Bettruhe hatte sich alles wieder normalisiert.

Abgang von Fruchtwasser einige Tage nach dem Eingriff kommt selten vor, ist aber ein ernstes Zeichen für eine beginnende Fehlgeburt. Eine Therapie gibt es für das Kind nicht. Ebenso bedenklich sind Fieber über 38 Grad oder Blutungen. Bei solchen Anzeichen muß die Frau ins Krankenhaus.

Wehen sind Muskelkontraktionen des Gebärmuttermuskels. Sie kommen häufiger in der ersten Woche nach so einer Punktion vor, aber sie bedeuten nicht gleich den Anfang vom Ende.

Ilona war durch die „ziehenden" und wiederholten Schmerzen danach äußerst beunruhigt und ärgerte sich, daß sie sich für den Eingriff entschieden hatte. Obwohl sie mit 41 ihr erstes Kind, Lea, vor acht Monaten ohne Komplikationen bekam, würde sie beim zweiten Kind „das nicht noch einmal machen lassen". Ilona: „Während der ganzen weiteren Schwangerschaft war ich mit Wehen beschäftigt und hatte den Gedanken, daß alles nur durch diese Punktion in der 16. Woche kam."

Auch wenn es nicht so ist und es sich um „normale" Schwangerschaftswehen handelte: Wer Probleme nach der Punktion hat, macht vor allem sich selbst Vorwürfe.

…und die Zeit des Wartens: zwischen Angst und Hoffnung

Die mit dem Fruchtwasser gewonnenen Hautzellen des Kindes können nicht direkt und sogleich untersucht werden. Die Chromosomen, um deren Analyse es ja geht, „zeigen" sich nur, wenn eine Zelle sich teilt. Aus diesem Grund muß in dem zytogenetischen Labor zunächst eine sogenannte Zellkultur angelegt werden. Erst wenn diese wächst, die Zellen sich also teilen, kann die Diagnose unter dem Mikroskop gestellt werden. Daher warten Frauen nach der Punktion etwa zwei bis drei, mitunter quälende, Wochen auf ihr Ergebnis. Das kommt meistens also erst in der 18. bis 19. Schwangerschaftswoche, wenn manch eine Frau schon „Bewegungen" spürt. Ein weiterer, bitterer Nachteil der ganzen Methode.

Astrid, 46 Jahre, versuchte die Zeit über die Runden zu bringen, indem sie ihre Vorstellung an einen unglücklichen Ausgang verdrängte: „Das Warten auf das Ergebnis war zunächst belastend. Was ist, wenn…? Aber dann habe ich mir gesagt: ‚Du hast schon immer eine positive Einstellung zum Leben gehabt, also wird es gut sein!' Ich habe in dieser Zeit viel mit der Kleinen gesprochen und sie beruhigt: ‚Das machen wir schon.' Und so war's dann ja auch."

Auf Eis gelegt

Das kennen viele. Nach der Punktion ein Hin und Her zwischen Angst und Hoffnung. Die Beziehung zum Kind, die sonst in dieser Zeit enger wird, wird häufig erst mal „auf Eis gelegt". Kindsbewegungen, sonst Anlaß zu ganz besonderer Freude, werden oftmals lieber nicht wahrgenommen. Freunde und Verwandte hören manchmal erst vom Nachwuchs, wenn das Labor mit seiner nüchternen Befundübermittlung „grünes Licht" gegeben hat. Christine hat ihren Töchtern erst nach dem Laborergebnis gesagt, daß sie noch eine Schwester bekommen werden. Und Daniela teilte ihre Schwangerschaft in der Klinik erst nach dem Chromosomenbefund in der 19. Woche mit. Solange hatte sie immer noch acht anstrengende Nachtdienste pro Monat gemacht.
Teilweise entwickeln Frauen Schuldgefühle, „ihr Baby" nicht vorbehaltlos annehmen zu können. Sie haben sich ja bereits zu einem späten Schwangerschaftsabbruch entschlossen, falls das Testergebnis einen Chromosomenfehler anzeigt. „Ein Kind auf Abruf", „eine Schwangerschaft zur Probe", so leiden manche an diesem ungewissen Zustand. Und zu der Angst, das Kind „womöglich nicht behalten zu können", kommt die Scham vor sich selbst oder vor anderen: sich womöglich rechtfertigen zu müssen, ein Kind abgetrieben zu haben, das ja lebensfähig gewesen wäre.

Die allermeisten erfahren nach dieser Wartezeit vom Labor, daß – jedenfalls mit den Chromosomen ihres Kindes – alles in Ordnung ist. Ob positiv oder negativ, das Ergebnis der Chromosomenanalyse hat eine Zuverlässigkeit von 99,8 %. In zwei Fällen von 1000 Untersuchungen ist das Ergebnis falsch. Und wenn sie wollen, können Eltern – als Nebenergebnis – auch das zukünftige Geschlecht ihres Nachwuchses erfahren. [14]

Im Bericht des Labors steht noch ein weiteres Ergebnis: die Menge des Eiweiß-Stoffes AFP (Alpha-Feto-Protein). AFP findet sich immer dann vermehrt im Fruchtwasser, wenn der Fetus an einer Entwicklungsstörung leidet, die wir umgangssprachlich „offener Rücken" nennen (Fachausdrücke: spina bifida, Neuralrohrdefekt). Die AFP-Menge sagt allerdings nichts über den Schweregrad dieser Behinderung aus. Da von dieser Störung ältere Schwangere nicht häufiger als junge betroffen sind, gehen wir hier nicht weiter darauf ein.

Amniozentese oder nicht?
Ein Bluttest soll bei der Entscheidung helfen: der Triple-Test

„Ich habe eine panische Angst vor Mißbildungen. In meiner engsten Bekanntschaft habe ich ein schwerstbehindertes Kind vor Augen, und meine beste Freundin hat ein mongoloides Kind. Deswegen werde ich alles, alles auf mich nehmen, um eine eventuelle schwere Behinderung feststellen zu lassen. Für mich ist es auch klar, daß ich einen Schwangerschaftsabbruch machen lasse, wenn sich so etwas herausstellt."

Für Sigrid, 41, war die Entscheidung zu einer Amniozentese klar. Über die Hälfte aller über 35jährigen lassen den Eingriff machen. Viele zögern aber:

„Ist mein Risiko aufgrund meines Alters wirklich so groß, daß ich das Risiko des Eingriffs auf mich nehmen soll?"

Bei solcher Risiko-Abwägung kann der risikolose Triple-Test hilfreich sein, der zwischen der 15. und der 17. Schwangerschaftswoche (am besten: 16. SSW) durchgeführt werden kann. Dabei handelt es sich um eine Untersuchung des mütterlichen Blutes.

Drei Stoffe, die vom Fetus stammen, werden darin untersucht (triple = dreifach):

Alpha-Fetoprotein (AFP),
Choriongonadotropin (β-HCG) und
Östriol.

Man hat herausgefunden, daß es Normwerte für die Konzentrationen dieser drei Stoffe im Blut gibt. Ist der Stoff AFP stark erhöht, so ist die Wahrscheinlichkeit größer, daß das Kind einen „offenen Rücken" (Neuralrohrdefekt, z. B. spina bifida) hat.

Je stärker aber alle drei Stoffe der Blutprobe von der Norm abweichen, desto höher ist die statistische Wahrscheinlichkeit, daß der untersuchte Fetus ein **Down-Syndrom** hat. Die Normwerte sind allerdings sehr stark von der Schwangerschaftswoche abhängig. Aus dem Alter der Frau, aus dem exakten Schwangerschaftsalter und aus der Norm-Abweichung der drei Stoffe errechnet ein kompliziertes Computerprogramm die Wahrscheinlichkeit, daß diese Frau ein Kind mit Down-Syndrom erwartet. Der Triple-Test liefert also keine echte Diagnose, sondern weist nur auf eine statistische Wahrscheinlichkeit für ein Kind mit Down-Syndrom hin. Die Information, die die Frau erhält, lautet dann beispielsweise:

„Sie haben ein Risiko für Down-Syndrom von 1:1200
(oder 1:300 oder 1:50)."

Das bedeutet, daß eine von 1200 Frauen (bzw. eine von 300 oder von 50), die die gleichen Blutwerte hat wie sie, ein Kind mit dieser Behinderung erwartet. Die anderen 1199 (bzw. 299 oder 49) werden ein Kind zur Welt bringen, das kein Down-Syndrom hat.

Eine wirkliche Auskunft darüber, ob das Kind denn nun diese Behinderung hat oder nicht, gibt der Test nicht.

Das kann nur eine anschließende Amniozentese oder die Chorionbiopsie klären.

Zur Zeit wird noch darüber diskutiert, bei welcher Zahl ein Risiko denn nun als „hoch" einzustufen ist, d.h. bei welchem Risiko wir als ÄrztInnen eine Chromosomenanalyse empfehlen können. Manches spricht dafür, die Grenze für diese Empfehlung (Fachchinesisch = cut-off-level) etwa bei 1:250 zu setzen. Das bedeutet: Man wird bei 250 Amniozentesen einmal ein Kind mit Down-Syndrom finden. Aber auch: zweimal wird bei diesen 250 Eingriffen eine Fehlgeburt ausgelöst werden.

Dennoch muß allen klar sein, daß solche Zahlengrenzen immer willkürlich bleiben. Auch ein zahlenmäßig niedriges Risiko (wie 1 : 700) schließt ein Down-Syndrom ja nicht aus.

Viele Frauen und werdende Eltern sind durch die „Testerei" und Zahlenspielerei bereits erheblich verunsichert worden: „Ich kann mich gar nicht mehr so einfach auf das Kind freuen. Ich habe seit dem Testergebnis Zahlen im Kopf", beschwert sich Kathie, die „spät" ihr zweites Kind erwartet. Sie hat sich nach dem Testergebnis (1 : 320) gegen eine Amniozentese entschieden. „Beim ersten Kind war ich „besserer Hoffnung", alles war einfacher." Bringt uns der Test nun Sicherheit oder verunsichert er uns?

Und noch etwas zur Genauigkeit der Zahlen: Der Test kann überhaupt nur dann die Wahrscheinlichkeit richtig berechnen, wenn das exakte Schwangerschaftsalter vom Arzt bestimmt wurde. Und das ist nur durch genaues Wissen der letzten Regel zusammen mit einer frühen, sehr sorgfältigen Ultraschall-Messung (zwischen der achten und zwölften Woche) möglich. Selbst Abweichungen von einigen Tagen (!) können das Ergebnis des Tests erheblich verfälschen und damit Frau und Arzt leicht zu falschen Entscheidungen veranlassen.

„Der Triple-Test ist zur Zeit noch eine große Katastrophe", sagt uns die Humangenetikerin Marschner-Schäfer. Viele Frauen geraten in Panik. Und das, weil der Test allzuoft ungenau, also falsch, durchgeführt wird und weil die Frauen mit den Zahlen ohne gute Beratung wenig anfangen können.

Dennoch kann der Test – vorausgesetzt, er wird richtig durchgeführt – Sinn machen. Bisher lassen sich die meisten Frauen jenseits von 35 ja auch von einer statistischen Größe zu einer Amniozentese verleiten: Weil mit 35 die Wahrscheinlichkeit für Down-Syndrom erhöht ist (etwa 1 : 400), lassen – wie gesagt – über die Hälfte aller „Späten" die Punktion oder die Biopsie machen. Fehlgeburtsrisiko immerhin etwa 1 %, eine von 100. Mit dem Triple-Test könnten diese Frauen ihr individuelles Risiko klären und dadurch eventuell eine Fruchtwasserpunktion mit ihren möglichen Nachteilen vermeiden.

Die konsequenten Befürworter dieses Bluttests aber möchten **allen Schwangeren** – ob jung oder alt – den Test anbieten. Dann könnte jede Frau je nach ihrer „Risikozahl" die Entscheidung für oder gegen eine Chromosomenuntersuchung fällen. Der Triple-Test wird bisher nicht von der Deutschen Gesellschaft für Gynäkologie und Geburtshilfe als erprobter Routinetest empfohlen.

Unsere Überlegung und Kritik:
Entscheidungsfreiheit, das hört sich gut an. Schließlich plant niemand, ein behindertes Kind, ein Kind mit Down-Syndrom, zu bekommen. Die Folge der zunehmenden Tests aber wird sein, daß wir fast jede Schwangerschaft, fast jedes sich im Mutterleib entwickelnde Kind „zur Disposition" stellen. Bis es alle Tests bestanden hat, wird es ein Kind „auf Abruf" sein.

„Ich bin doch gesund, aber es ist, als wenn ich krank wäre!"

Elsie, 37, ist wütend. Sie fühlt sich von mir geradezu krank gemacht, weil ich mit ihr bei einer Vorsorgeuntersuchung über den neuen Triple-Test sprechen will. Frauen könnten sich durch die zunehmende Einmischung von „Tests und Testern" in ihre Schwangerschaft schließlich betrogen fühlen um etwas, das lange Zeit als etwas Besonderes in ihrem Leben galt: die Zeit der guten Hoffnung.
Um es deutlich zu sagen: Auch wir sind dafür, daß sich jede einzelne Frau für oder gegen einen Test entscheiden kann. Aber bevor wir immer weitere Tests – mit all ihren zugegebenen Vorteilen – einfach anwenden, weil sie „machbar" sind, sollte eine breitere Diskussion dieser Fragen stattfinden: Wollen wir wirklich all die Veränderungen, die diese Art der Medizin zwangsläufig für unser individuelles und unser gesellschaftliches Leben mit sich bringt? Ist es unser Ziel, das Ziel der Medizin, Down-Syndrom oder demnächst eine Reihe von leichteren Behinderungen durch „pränatale Erfassung" und Abtreibung vollkommen abzuschaffen? Entscheidungsfreiheit hört sich gut an. Werden Behinderte so unterstützt, daß Frauen tatsächlich Entscheidungsfreiheit behalten?

Die direkte Gewebeprobe (Chorionbiopsie): früher und schneller, dafür weniger erprobt

Anfang der 80er Jahre wurde eine neue Methode entwickelt, um bereits zu einem früheren Zeitpunkt an kindliche Zellen für eine exakte genetische Diagnostik zu gelangen.

Chorionzotten sind Zellen, die schon in den ersten Schwangerschaftswochen gebildet werden. Aus ihnen entsteht später der kindliche Teil des Mutterkuchens (der Plazenta). Daher enthalten solche Zellen die gleichen Chromosomen wie der Embryo.

Erster Vorteil gegenüber der Amniozentese: Die Zellentnahme kann zwischen achter und zwölfter Woche erfolgen, das bedeutet etwa sechs bis acht Wochen früher als bei Fruchtwasserpunktion.

Zweiter Vorteil: Die Zellen müssen nicht wie bei abgeschilferten Hautzellen erst in einer zeitraubenden Zellkultur angezüchtet werden. Da sie im Zellverband gewonnen werden, teilen sie sich ständig. Deshalb können sie gleich nach der Entnahme unter dem Mikroskop beurteilt werden. In der Praxis liegt das Ergebnis nach wenigen Tagen vor, zur Not auch schon nach wenigen Stunden. Die Zeit des Wartens ist damit erheblich kürzer.

Insgesamt kennt die Frau die pränatale Chromosomen-Diagnose ihres erwarteten Kindes also etwa acht Wochen früher als bei der herkömmlichen Methode. Sie wird nicht in die zeitliche Nähe von fühlbaren Kindsbewegungen kommen. Und für den Fall eines Schwangerschaftsabbruchs wird dieser körperlich und seelisch weniger verletzend sein.

„Ich hatte meinen Arzt sehr gebeten, mich zu einer Chorionbiopsie nach Lübeck zu überweisen, obwohl ich erst 31 war. Ich hatte eine unsagbare Angst vor einer kindlichen Behinderung, da ich beruflich mit Behinderten zu tun hatte. Mein Arzt hat das aber mit dem Hinweis auf das zu große Risiko und mein zu junges Alter strikt abgelehnt."

Die uns da ihre Geschichte im Gespräch erzählt, ist Ute, die Mutter des sechsjährigen Robin mit dem Down-Syndrom. Hätte sie sich gegen ihren Arzt durchgesetzt, wäre ihr und ihrem Mann vieles erspart geblieben. Aber Robin, den beide jetzt so lieben, wäre nicht am Leben.

Chorionbiopsie (auch Chorionzottenbiopsie genannt) wird nicht nur zur Abklärung eines erhöhten Risikos für Chromosomenstörungen vorgenommen. Durch die Gewebeprobe können zahlreiche schwere vererbbare Erkrankungen erkannt werden, die mit dem Alter der Eltern nichts zu tun haben. Diese Möglichkeit gibt manchen Paaren, die sonst auf ein Kind verzichten würden, überhaupt den Mut „eine Schwangerschaft zu wagen".

Chorionbiopsie wird von erheblich weniger FrauenärztInnen durchgeführt als Amniozentese. Die Methode erfordert etwas mehr Geschick und gilt als riskanter. Eine europäische wissenschaftliche Studie kam auf ein Risiko von über 2% Fehlgeburten. Das allerdings ist wissenschaftlich schwer zu untersuchen. So ließen jedenfalls viele ÄrztInnen die Finger davon. Wer möchte schon in den Ruf kommen, durch „seine neue Methode" eine Fehlgeburt verursacht zu haben? Eine sorgfältig durchgeführte wissenschaftliche Studie aus Nordamerika kam zu dem Schluß, daß Chorionbiopsie und Amniozentese kein unterschiedliches Risiko für Fehlgeburten haben (beide etwa 1%). Nach beiden Eingriffen kam es genauso häufig zur Geburt eines lebenden gesunden Kindes. Auch die Frage, ob durch den Eingriff vielleicht, wenn auch selten, Behinderungen verursacht werden können, ist wissenschaftlich nicht endgültig geklärt. Englische und amerikanische ForscherInnen fanden bei einigen (sehr wenigen) Kindern Fehlbildungen an deren Gliedmaßen, wenn der Eingriff vor der neunten Woche gemacht worden war. Andere Wissenschaftler fanden solche Störungen nicht. Die widersprüchlichen Ergebnisse zeigen uns vor allem zwei Tatsachen, die für viele medizinische und biologische Forschungsergebnisse gelten:

• wie unsicher sogenannte wissenschaftliche Aussagen zum Risiko sind und
• daß es manchmal viele Jahre braucht, damit sich ein Risiko überhaupt zeigen kann.

Einen Nachteil hat die Methode gegenüber der Amniozentese auf jeden Fall: Die Diagnose ist nicht ganz so zuverlässig. Es ist nämlich schon vorgekommen, daß, statt kindlicher Zellen, mütterliche gewonnen wurden, die natürlich andere Chromosomen haben.

Zum Ausschluß einer „spina bifida" eignet sich die Methode nicht. Dafür können aber noch eine Reihe vererbbarer Erkrankungen erkannt werden.

Und so geht das ganze vor sich:

Nach der Anmeldung zu der Untersuchung erfolgt einige Tage vor dem Eingriff immer eine ausführliche Beratung durch einen Spezialisten, eine gynäkologische Untersuchung für bakteriologische Abstriche und eine Ultraschalluntersuchung. Je nach Arzt oder Klinik wird die Biopsie zwischen neunter und zwölfter Woche vorgenommen.

Zum Eingriff liegt die Frau auf einem Untersuchungsstuhl. Die Scheide wird sorgfältig desinfiziert. Eine Betäubung ist nicht erforderlich. Der Gebärmuttermund ist in der Schwangerschaft immer wenige Millimeter geöffnet. Unter dauernder Beobachtung mit dem Ultraschall wird ein dünner Plastikschlauch durch den Muttermund in die Gebärmutter bis an das Choriongewebe herangeführt. Dann wird eine sehr kleine Menge davon abgesaugt und in einer Spritze aufgefangen. Der Embryo selbst kann dabei praktisch nicht verletzt werden. Unmittelbar nach dem Eingriff darf eine leichte Blutung auftreten. Die Frau bemerkt ein leichtes Ziehen.

Eine zweite, seltener angewandte Methode ist die Punktion der Zotten durch die Bauchdecke, ebenfalls unter Ultraschallsicht, also ähnlich wie bei Amniozentese.

Ob FrauenärztInnen Chorionbiopsie oder Amniozentese empfehlen, hängt sehr davon ab, mit welchen SpezialistInnen sie üblicherweise zusammenarbeiten und welche Erfahrungen sie mit ihnen gemacht haben. Die Entscheidung sollte aber auch die Patientin treffen, dann nämlich, wenn sie einen späten Schwangerschaftsabbruch, z. B. in der 19. Woche gar nicht akzeptieren könnte. Es ist also der erhebliche Vorteil, die Diagnose relativ früh zu kennen, gegen die möglichen Nachteile der Chorionbiopsie abzuwägen.

„Über das Kind im Bilde"
2. Methode: Die Ultraschall-Untersuchungen
und was sie leisten

„**Ich könnte es täglich sehen**", sagt Anna. Sie ist 37 Jahre, ist in der achten Woche und kommt bereits zur dritten Ultraschalluntersuchung. Die leichten Blutungen zu Beginn der Schwangerschaft haben sie völlig verunsichert, ob „das Kind wohl bei mir bleibt". Anna ist zum erstenmal in ihrem Leben schwanger. Sie spürt zur Zeit noch wenig davon außer der Angst vor einer Fehlgeburt. Über das elektronische Bild auf dem Schirm des Ultraschall-Apparates neben sich nimmt sie dagegen das wahr, was für sie im Augenblick das wichtigste ist: Das Fruchtbläschen in ihrer Gebärmutter ist größer geworden als beim letzten Mal. Und sie erkennt darin ein winziges weißes Gebilde mit einem pulsierenden Zentrum. „Das ist das Herz im Embryo. Die Schwangerschaft ist trotz der Blutung bisher in Ordnung", erkläre ich ihr.

Ist das der Fortschritt? Ultraschall half hier gar nicht wirklich dem Embryo, „Annas Kind". Aber er verkürzte die Zeit, die Anna und der Arzt im Ungewissen sind, ob überhaupt ein Kind daraus werden konnte.

Ultraschalluntersuchungen (Fachausdruck: Sonographien) helfen seit etwa 20 Jahren in zunehmendem Maße, Komplikationen in der Schwangerschaft aufzudecken. Sie werden heutzutage bei fast allen Frauen während der Schwangerschaft vorgenommen. Nur wenige Frauen lehnen die Untersuchung ab oder lehnen sich dagegen auf: „Ich halte das für schädlich" oder: „Ich will gar nicht alles so genau wissen". Die Mehrzahl der FrauenärztInnen und GeburtshelferInnen empfiehlt ihnen den Test mit dem Hinweis, daß er die Sicherheit erhöhe.

Ultraschall gilt als entscheidender Fortschritt in der modernen Schwangerenbetreuung und Geburtsmedizin. Tatsächlich haben sich die Geburtshilfe-Statistiken durch den enormen Arbeitsaufwand mit dieser genialen Technik verbessert: Es gibt weniger behinderte Neugeborene und weniger Totgeburten als vorher. Daher bezahlen die Krankenkassen das teure „Ultraschall-Screening", bestehend aus drei Sonographien, für alle Schwangeren – mit oder ohne Risiko. Müssen Unklarheiten oder Störungen – wie z.B. bei Anna – abgeklärt werden, kommen weitere dazu.

So werden in unserem Land jedes Jahr mehrere Millionen Ultraschalle an unserem Nachwuchs vorgenommen, damit:

erstens: eine kleine Zahl von Problemkindern vor der Geburt besser erkannt wird, behandelt werden kann und dadurch gesünder auf die Welt kommt,

zweitens: eine Reihe von fehlgebildeten, aber nicht behandelbaren Kindern so früh entdeckt wird, daß deren Geburt verhindert werden kann.

Die meisten Schwangerschaften und Geburten, auch die der Frauen über 35, verlaufen glücklicherweise ohnehin normal und unbehindert. Diese profitieren im medizinischen Sinn letzten Endes nicht von dem Technikaufwand. Bei ihnen dienen die Ultraschalle höchstens zur Beruhigung oder Beschwichtigung der „normalen" Ängste, die alle Schwangeren haben. Und wir als ÄrztInnen können ebenfalls ruhiger sein.

Die Ultraschallmethode beruht auf dem Prinzip des Echolots.

Schallwellen werden von einem Schallsender ausgesendet und treffen auf einen Gegenstand. Sie werden von diesem Gegenstand (z.B. einem Körperorgan) „gebrochen" und zurückgeworfen (reflektiert) und dann werden die Wellen von einem Schallempfänger wieder aufgefangen. Diese Schallimpulse werden in elektronische Signale umgewandelt und danach von einem Computer zu einem elektronischen Bild zusammengesetzt. Dieses Bild, das auf einem Bildschirm erscheint, ähnelt mehr oder weniger dem wirklichen Gegenstand, mehr oder weniger dem abzubildenden Embryo oder dem Fetus mit seinen Organen.

Der Schallkopf, mit dem wir über den Bauch der Schwangeren streichen, ist zugleich Sender und Empfänger der Schallwellen. Diese Wellen werden besonders gut durch Wasser oder durch wäßrige Gewebe (z.B. eine Harnblase oder eine Fruchtblase) fortgeleitet. Sie werden aber von festem Gewebe (z.B. Muskel oder Knochen) gebrochen und reflektiert. Und Luft (z.B. im Darm) läßt den Schall kaum hindurch. So sehen auf dem Bild die wäßrigen und die luftigen Strukturen (Fruchtwasser, Darm) dunkel bis schwarz aus und die festeren Gewebestrukturen (Haut, Muskel, Knorpel, zellreiche Gewebe) hell bis weiß, je nach ihrer Dichte (mehr oder weniger Reflexe).

Während der letzten Jahre wurde diese Technik so verbessert, daß auch Laien die abzubildenden Körperteile wie Gesicht und Hirn, Herz und Hand, Fuß und Nabelschnur, Hals und Wirbelsäule erkennen können.

Susanne, 35, bekommt ihr zweites Kind: „Die Ultraschalluntersuchungen habe ich als etwas sehr Beruhigendes empfunden. Offensichtlich hab' ich nicht den Mut, mich allein auf meinen Körper zu verlassen. Die Bilder vom pochenden Herzen bestätigen mir irgendwie, daß alles in Ordnung ist."

Die Schallwellen, die verwendet werden, sind jenseits der hörbaren Frequenzen: drei bis sieben Megahertz. Die Schallintensität ist gering. Ob Ultraschall Schaden anrichten kann, ist nicht mit 100%iger Sicherheit ausgeschlossen. Das auszuschließen, ist allerdings für so ein kompliziertes bio-sozio-psychologisches Wesen

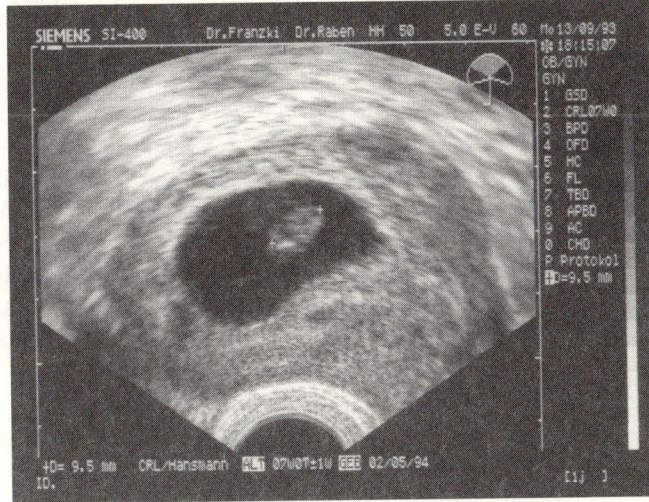

Abb.4: Ultraschallfoto (Vaginalsonographie): Fruchtblase mit Embryo in der 7. SSW.

wie den Menschen auch kaum möglich. Wir haben uns bereits in vielen Bereichen an nicht 100%ige Sicherheiten gewöhnen müssen. Immerhin gibt keine der wissenschaftlichen Studien bisher einen Anlaß, schädliche Auswirkungen auf den Embryo oder den Menschen zu vermuten.

Dennoch sollten die Untersuchungen nur mit klarer „Indikation" vorgenommen und nicht zu einer Art „Babyfernsehen" mißbraucht werden.

Was kann man sehen und was nicht?

Ultraschall wird oft das erstemal in der Schwangerschaft benutzt, um nachzusehen, ob sich überhaupt ein Fruchtbläschen – annähernd rund, „schwarz" und wenige Millimeter klein – innerhalb der Gebärmutter befindet: da, wo es sein soll. Das ist bereits eine Woche nach Ausbleiben der erwarteten Regel möglich, also etwa drei bis vier Wochen nach Beginn der letzten Regel (von diesem Tag der letzten Regel gehen ja – wie bereits beschrieben – alle unsere „Rechnungen" aus).

Und bereits ab der siebten Woche kann man nachsehen, ob der Embryo „lebt": Man erkennt im zehn Millimeter großen, weißen Gebilde ein pochendes Zentrum, das embryonale Herz.

Solche sehr frühen Ultraschalluntersuchungen werden gemacht, wenn es (z.B. wegen einer Blutung) Zweifel gibt, ob eine frühe Schwangerschafts-Störung vorliegt, so wie bei Anna. Häufig wird aber auch „geschallt", weil wir uns früh versichern und den weiteren Verlauf nicht einfach abwarten wollen, gewissermaßen aus Neugier und Ungeduld. So früh läßt sich allerdings nicht sicher vorhersagen, ob aus der Schwangerschaft auch wirklich ein Kind wird. Und Fehlbildungen können nicht ausgeschlossen werden. Diese frühen Ultraschalle werden meistens mit einem fingerförmigen Schallkopf vorgenommen, der einige Zentimeter in die Scheide eingeführt wird und somit dichter an der Gebärmutter ist (Vaginalsonographie).

Ilona bekam mit 40 ihr erstes Kind – für sie und ihren Freund – ungeplant: „Das Ultraschallbild in der achten Woche hat mich überzeugt. Nachdem ich das Herz gesehen hatte, war es klar, daß

110

ich keinen Abbruch mache. Ich hab' das Bild gleich dem Vater geschickt."

Nicht, daß der Ultraschall die Schwangerschaft „gerettet" hat. Am Bild hatte sich nur ihre eigene innere Entscheidung verdeutlicht. Auch Frauen, die eine Schwangerschaft abbrechen, möchten mitunter vorher sehen, „was man sehen kann".

Der erste „Routine-Schall" in der Vorsorge findet etwa um die zehnte Woche statt. Der Embryo erscheint jetzt schon viel deutlicher im Bild: Kopf und Körper, die Ansätze von Ärmchen und Beinchen sind zu erkennen. Er bewegt sich mit eigener Kraft wie schwerelos, wie in einer Raumkapsel, in seiner Fruchtwasserhöhle. Vom Kopf bis zum Po ist er zweieinhalb Zentimeter lang. Dieses Maß zeigt nun sehr genau, wie alt die Schwangerschaft wirklich ist und wann der voraussichtliche Geburtstermin sein wird. Aus dieser Messung ergibt sich mitunter, daß der Termin in Wirklichkeit zwei Wochen eher oder später ist, als es nach der „Rechnung" (von der letzten Regel) zu erwarten ist. Nachträglich stellt man fest, der Eisprung hatte sich verschoben. Diese Erkenntnis kann sehr hilfreich am Ende der Schwangerschaft sein, z.B. bei der Frage: „Ist der wahre Termin nun schon um 14 Tage überschritten oder nicht?"

Einige krasse Fehlbildungen können im Ultraschall auch schon

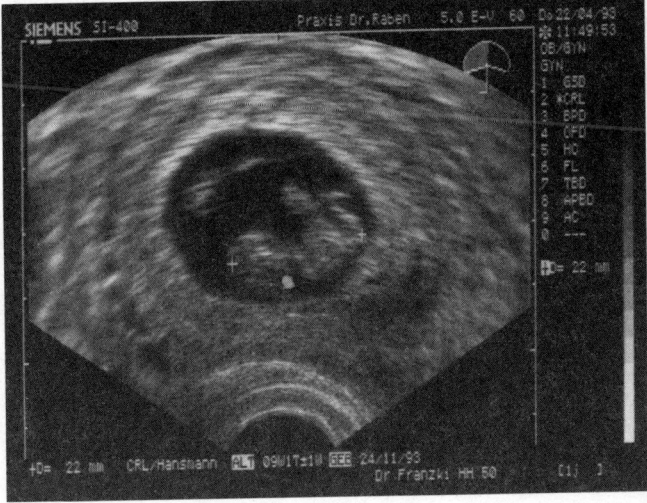

Abb.5: Ultraschallfoto: Embryo, 10. SSW, in seiner Fruchthöhle. Die Aufzeichnung der elektronischen Impulse von Schallreflexen ist mehr oder weniger genau, aber kein „Foto vom Kind."

in der 10. Woche erkannt werden. Beruhigend für Frauen, die Angst vor einer Fehlgeburt haben: Bei einem „Normalbefund" wird eine spätere Fehlgeburt unwahrscheinlich.

Eine Vorhersage, daß es ein „unbehindertes Kind" wird, ist nicht möglich.

Der zweite „Routine-Schall" soll um die 20. Woche (18.–22.) stattfinden. Die Untersuchung nimmt jetzt mehr Zeit in Anspruch. Der Fetus ist in vielen, wenn auch lange nicht allen, Einzelheiten darstellbar. Zunächst geht es um die „Proportionen", um die Form und das Wachstum von Kopf und Körper. Es geht um die Menge des Fruchtwassers und ob sich der Fetus darin „normal" bewegt.

Erfahrene UntersucherInnen mit modernen Geräten aber sehen mehr, obwohl das nicht zur Routine gehört: Ein „normales" Gesichtsprofil, ein „normales" Herz, eine „normale, geschlossene" Wirbelsäule, ein „normales" Gehirn, „normale" Nieren, Harnblase, Bauchwand und Extremitäten (Arme und Beine) sind sehr beruhi-

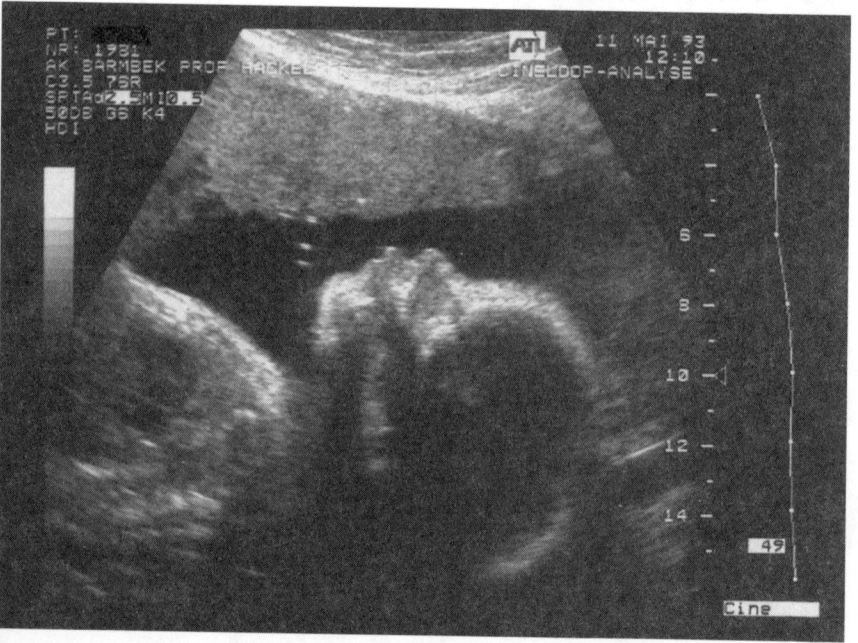

gend. „Normal" steht hier immer in Anführungszeichen, weil keine
Sicherheit, keine Garantie für Normalität gegeben werden kann.
„Normal" heißt beim Ultraschall: wahrscheinlich normal oder „der
Fetus sieht normal aus." „Normal" heißt also nicht: „Eine Fehlbildung dieses Organs ist ausgeschlossen." Eine aussagekräftige, de-
taillierte Ultraschalluntersuchung erfordert große Aufmerksamkeit,
viel Erfahrung und eine intensive Ausbildung des Untersuchers, und
sie erfordert ein modernes (immer sehr teures) Ultraschallgerät.

Beruhigend: Die Frauen können der Untersuchung auf dem Bildschirm folgen, können „ihr Kind" sehen: z.B. die typischen ruckartigen Streckbewegungen oder das Daumenlutschen. Manche haben
„ihre Männer", die werdenden Väter, gerade zu dieser Untersuchung mitgebracht. Die meisten erfahren am Ende der Untersuchung vom Arzt: „Soweit ich sehen kann, ist es gut entwickelt."
Aber das ist häufig nur die Bestätigung für das ohnehin gute Gefühl. Mit den ersten spürbaren Kindsbewegungen hat ein besonderer Dialog begonnen, das Gefühl ist sinnlicher und damit sicherer
geworden, und viele Ängste „verlieren sich" zunehmend: Bei den
meisten hat „die Zeit der guten Hoffnung" schon vor der Ultra-
schallbestätigung begonnen.

Werden nun bei der Untersuchung „Auffälligkeiten" (z.B. unre-
gelmäßiger Herzschlag oder eine zu geringe Fruchtwassermenge
oder eine auffällige Kopfform) erkannt, so wird das für die Frau
sehr beunruhigend sein. Es erfolgt dann die Überweisung an eine/n
Spezialisten/in für pränatale Diagnostik. Dort soll dann geklärt
werden, ob tatsächlich eine Fehlbildung vorliegt und wenn, welche.

Nach diesen Fehlbildungsuntersuchungen können viele Frauen
allerdings doch noch beruhigt sein: Der Verdacht bestätigt sich
nicht.

Ältere Frauen haben nur für Fehlbildungen durch Chromosomenanomalien ein erhöhtes Risiko, für alle anderen nicht.

Aber was ist, wenn doch etwas erkannt wird:

ein Herzfehler, ein Bläschen im Gehirn, ein Bruch in der Bauchwand, eine Spaltbildung der Wirbelsäule?

Abb.6: Ultraschallfoto: Fetus, 20. SSW.
„Ein Kind aus Papier": Was wir mit dem Thermoprinter abbilden, ist immer
etwas anderes als das, was Frauen unter dem Herzen tragen.

Da ist sie wieder, die Schattenseite der pränatalen Diagnostik. Denn die Fragen sind ja: Wie schwer wäre die Fehlbildung? Könnte das Kind leben? Wie würde das Leben aussehen? Können und wollen wir so spät einen Schwangerschaftsabbruch machen lassen? Gespräche, Beratungen und oftmals schwer: die Entscheidung.

Oder kann das Kind eventuell vorgeburtlich behandelt werden?

Einige Entwicklungsstörungen und fetale Erkrankungen lassen sich heutzutage tatsächlich bereits vorgeburtlich behandeln. Bei bestimmten Herzrhythmusstörungen können Medikamente an die Mutter, bei einigen Stoffwechselleiden Medikamente direkt in die Nabelschnur an das Kind gegeben werden. Zu den häufigsten pränatalen Behandlungen zählen Bluttransfusionen bei sogenannten „Rhesus-Erkrankungen": Die meisten der so behandelten Kinder erblicken – im Gegensatz zu früher – gesund das Licht der Welt.

Hat das Kind als einzige Störung zuwenig Fruchtwasser, um sich darin gut entwickeln zu können, so kann die Fruchthöhle nach der Punktion mit einer künstlichen Fruchtwasserlösung aufgefüllt werden.

Blasen (Zysten) und Flüssigkeitsansammlungen in Brust- und Bauchraum können mit einer feinen Nadel abgesaugt werden, verstopfte Harnwege mit feinsten Schläuchen durchgängig gemacht werden.

Chirurgische Eingriffe am Fetus zur vorgeburtlichen Korrektur von Fehlbildungen sind von wenigen englischen und kalifornischen Ärzten versucht worden. Sie haben große Schlagzeilen gemacht. Sie gehören aber noch nicht zur bereits üblichen pränatalen Behandlung.

Über dieses Thema ließe sich leicht ein eigenes Kapitel schreiben. Da aber späte Schwangere nicht häufiger von solchen Behandlungen betroffen sind als junge, bleibt es in diesem Buch bei den kurzen Hinweisen.

Vor allem ExpertInnen vorgeburtlicher Diagnostik betonen immer wieder, daß auch sie eine Reihe von Fehlbildungen per Ultraschall nicht ausschließen können, keine Garantie für ein unbehindertes Kind geben können.

„Ich brauche keine Garantie, ich will nur etwas beruhigter sein",

sagt Anna, die mit 37 zum erstenmal guter Hoffnung ist. Sie hat sich in der 21. Woche zu einem dieser Ultraschall-Experten überweisen lassen: zum sogenannten „erweiterten Mißbildungsscreening" für Schwangere mit erhöhtem Risiko. Die Fruchtwasserpunktion für eine Chromosomenanalyse hat sie wegen des Risikos nicht machen lassen – und außerdem, so Anna: „Mit einer Nadel so ohne weiteres in diesen geschützten Raum stechen zu lassen, das könnte ich nicht."
Dennoch wollte sie ohne eingreifende (invasive) Diagnostik ihr persönliches Risiko, eventuell doch ein Kind mit schwerer Behinderung zu bekommen, abklären. Dazu hatte sie in der 16. Woche den Triple-Test (aus ihrem Blut) machen lassen. Er war für sie beruhigend ausgefallen, 1: 850. Und jetzt kam sie zum Ultraschalltest.
Mit dem Ultraschall können ExpertInnen ein Down-Syndrom („Mongolismus") zwar nicht vollkommen ausschließen. Sie können aber aufgrund bestimmter Befunde (Nackenfalte, Herzfehler, kleiner runder Kopf und kurze Oberschenkel) den dringenden Verdacht auf ein Down-Syndrom äußern. Dann allerdings müßte zur endgültigen Klärung – in der 21. Woche – doch eine Chromosomenanalyse erfolgen. Sind solche „Down-Zeichen" im Ultraschall nicht zu erkennen, besteht eine viel geringere Wahrscheinlichkeit, daß doch ein Down-Syndrom besteht. Anna hat auf diese Weise die Punktion vermieden. Sie hat zwar keine vollständige Gewißheit, aber so, mit zwei beruhigenden Tests, reicht es ihr. Wie Anna machen es zur Zeit immer mehr Frauen, deren „erhöhtes Risiko" für chromosomale Behinderung nur darin besteht, daß sie die Dreißig deutlich überschritten haben.

„Der dritte „Routine-Schall" sollte um die 30. bis 32. Woche erfolgen. Mittlerweile ist das Kind drei weitere Monate gewachsen und hat kräftig an Gewicht zugelegt, ein gutes Kilogramm, von etwa 250 auf etwa 1400 Gramm. Wir sehen, wie das Kind Fruchtwasser trinkt und mit „Schluckauf" seine Atemmuskulatur „trainiert". Die Durchmesser von Kopf und Bauch werden gemessen, und daraus wird das Gewicht berechnet. Ob das Kind später besonders groß oder eher zart wird, läßt sich zwar jetzt schon abschätzen. Aber darum geht es nicht. Es geht darum, ob das Kind für sein jetziges Alter etwa viel zu klein ist, ob es womöglich unterernährt ist. Es kann vorkommen, daß der Mutterkuchen (die Plazenta) nicht genügend funktioniert und das Kind, mit dem, was es braucht, mangelhaft versorgt. „Plazenta-Insuffizienz" im Medizin-Chinesisch. Dann müßte man besonderes Augenmerk auf die weitere Entwicklung haben, zusätzliche Ultraschalluntersuchungen (Doppler) machen und der Mutter einige Extraratschläge geben: Nicht mehr arbeiten, viel Bettruhe, im Extremfall: Krankenhausüberwachung.

Beruhigend: Wir haben festgestellt, daß die Kinder älterer Frauen genausogut an Gewicht zunehmen. Ob das Kind mit Sicherheit auf natürlichem Weg und nicht durch Kaiserschnitt zur Welt kommen wird, läßt sich zwar vermuten, aber nicht vorhersagen.

Eine weitere Beruhigung kann es jetzt per Ultraschall geben: die Lage des Mutterkuchens. Liegt er – wie meistens – nicht unten vor dem Gebärmutter-Ausgang, so gibt es schon wieder ein Risiko weniger. Liegt er doch davor, so weiß man: Die Geburt muß rechtzeitig durch Kaiserschnitt erfolgen, damit das Kind gesund zur Welt kommt. Soviel zur Ultraschalldiagnostik.

Wachsenlassen oder Kontrollieren?
Entscheidungszwänge – Entscheidungshilfen

> *„Schwangerschaft ist mehr und mehr zum medizinischen Ereignis geworden, zu einem Prozeß, den man versucht zu effektivieren, um „bessere Früchte" herauszubekommen. Die Zeitschrift „ELTERN" formulierte es dann so: ‚Unsere Kinder sind die gesündesten, klügsten und besten.' Nicht mehr das Wachsenlassen steht im Vordergrund – und zwar das Wachsen einer Frau zur Mutter und das Werden eines Embryos zum Kind –, sondern das Managen und Kontrollieren dieses Prozesses".[15]*

Gesine sagt das anders, als wir mit ihr sprechen. Sie ist 43 und hat bereits zwei Kinder. Bis zur Geburt ihres dritten hat sie noch zwei

Gesine, 43, Biologin, Hausfrau mit Töchtern Maike, 12, und Katrin, 8. „Fortschritt nicht zu leugnen, aber nicht alles mitgemacht."

116

Monate Zeit. Sie hatte sich gegen eine Fruchtwasser-Untersuchung entschieden. Ihr Arzt hatte sie darin unterstützt, und sie war dankbar dafür. „Von manchen Ärzten wird man schief angeguckt, wenn man einen Rat ablehnt und nicht alles mitmacht." Gesine, selbst Biologin, weiter: „Ich habe damit Schwierigkeiten. Auf der einen Seite ist es ja nicht zu leugnen, daß die moderne Medizin mit all ihren diagnostischen Möglichkeiten wirklich Vorteile hat. Aber es spielen ja auch die Gefühle eine Rolle. Ich hatte Angst vor einer Fehlgeburt. Und außerdem hätte ich einen Abbruch in der 18. Woche nicht übers Herz gebracht. Da hatte ich ja schon Kindsbewegungen. Bekannte waren verständnislos und warnten uns: Das sei doch vielleicht eine viel zu große Belastung für die Familie und auch für das arme Kind! Einmal stand meine achtjährige Tochter neben mir bei solch einem Gespräch: ‚Würdest du denn was gegen das Baby machen, Mama? Wir würden es doch liebhaben, auch wenn es krank ist.' Ich war froh über ihre Reaktion."

Mittlerweile hat Gesine ein Mädchen zur Welt gebracht. Mit 43 Jahren waren ihre Chancen immerhin 1:50, daß das Kind „mongoloid" würde. Gesine hat eins von den 49 anderen bekommen.

Es stimmt. Viele von uns ÄrztInnen sind immer weniger bereit, Risiken mit ihren PatientInnen zu teilen. Auch wir sichern uns lieber mit einem reichhaltigen Angebot von Tests ab. Wir erbringen immer mehr Dienstleistungen, weil es immer mehr davon gibt und weil wir keine Vorwürfe hören wollen, etwas unterlassen zu haben. So schützen wir uns auch gegen Klagen und Prozesse. Durch diesen Druck entsteht eine Art rationale „Versicherungsmedizin", durchaus nicht einfach zum Vorteil von PatientInnen.

Daß auch Ärztinnen, selber Fachleute, unter den Druck geraten können, ab 35 eine Fruchtwasser-Punktion machen zu lassen, ist uns im Gespräch mit Daniela, 37, klargeworden. Sie ist Frauenärztin. „Schon bevor ich schwanger war, wußte ich, daß ich eine Fruchtwasser-Punktion machen lassen würde. Das war meine rationale, vernünftige Entscheidung. Als ich dann aber in der 16. Woche war, standen mein Bauch und mein Gefühl dagegen. Eigentlich hatte ich keine Angst vor Fehlbildung, jedoch ein Unbehagen vor dieser ganzen Diagnostik. Dennoch habe ich gegen mein Gefühl entschieden. Ich habe mich nicht getraut, meine Entscheidung zur Punktion zurückzunehmen."

Marion, 36 Jahre, war zufrieden mit Beratung und Betreuung durch ihren Arzt. Sie fand ihn sorgfältig und einfühlsam. „Er hat sich viel Zeit genommen, mir alles zu erklären, bevor ich mich für die Punktion entschied. Er sagte auch: ‚Sie müssen wissen, ob Sie es wissen wollen und was das dann bedeutet.' Und so haben wir – mein Mann und ich – dann auch die Frage bedacht: ‚Was mache ich, wenn…?' Wir hätten einen Abbruch vornehmen lassen."

Angela, 38, war im II. Kapitel („Warum so spät") – im April – noch nicht schwanger. Sie ist selbst Oberärztin an einer Frauenklinik. Jetzt – im August – ist sie zum erstenmal schwanger, 16. Woche: „Ich würde einen Abbruch nicht übers Herz bringen. Wenn es behindert ist, werde ich das hinnehmen."

Die Entscheidung zwischen Wachsenlassen und Kontrollieren wird nicht einfach nach logischen Überlegungen und Zahlen getroffen.

Sie ist sehr abhängig von unserer Lebenslage, unserem Lebensgefühl und auch von unseren Wertvorstellungen. Und die können sehr verschieden sein.

Von Eltern behinderter Kinder haben wir erfahren, wieviel Kraft und Ausdauer sie aufbringen, um mit einem Kind zu leben, das nie allein bleiben kann, das ständig auf Hilfe angewiesen ist.

„Man muß auch bedenken, daß Ehen nicht mehr so haltbar sind und daß viele Paare, wenn sie ein Kind bekommen, nicht verheiratet sind. Damit sind die Lebensbeziehungen oft nicht so verläßlich. Es gibt mehr und mehr alleinerziehende Frauen. Und wenn beide Elternteile arbeiten, gibt es immer Zeitprobleme. Ein behindertes Kind würde eine erhebliche Veränderung des ganzen Lebens bedeuten, für manche eine Katastrophe", so Frau Marschner-Schäfer, die täglich Frauen und Paare wegen vorgeburtlicher Diagnostik berät. Die

Ärztin für Humangenetik weiter: „Ich finde es ganz toll, wenn Frauen das so gelassen nehmen können und sagen: Ich nehme es, wie es kommt."

Jeder möchte lieber ein gesundes Kind.

In unseren Lebensstil passen allerdings kranke und behinderte Kinder auch äußerst schlecht. Der Anspruch an unsere Kinder wächst. Schwer zu ertragen sind für manche Eltern von Behinderten z.B. auch die verdeckten Vorwürfe der Gesunden: „So etwas ist doch heutzutage nicht mehr nötig!" Auch wenn diese Eltern sonst ganz gut zurechtkommen, sind solche Sätze schwere Schläge. Wir wagen mal zu behaupten, daß wir **„Normalen"** für gewöhnlich Verhaltensstörungen im Umgang mit schwer behinderten Menschen haben. Wir wissen nicht, wie wir sie angucken können, wie wir mit ihnen sprechen können, und es fällt uns schwer, ein Gefühl für Nähe und Distanz zu bekommen. Deshalb möchten wir die Unterstützung für diese Menschen am liebsten auf andere, auf den Staat abwälzen. Der könnte in der Tat auch mehr tun, vor allem, weil wir in einem reichen Land leben.

Aber unsere „Verhaltensstörungen" liegen auch an unserer eigenen Bequemlichkeit oder verbissenen Leistungsorientierung. Ein Beispiel dafür ist die Art, wie die Diskussion um sogenannte Integrationsklassen geführt wird: Sollten Behinderte mit Nicht-Behinderten die gleiche Schule besuchen, in die gleiche Klasse gehen? Das könnte ein Fortschritt für alle sein, für Kinder und Eltern von Behinderten und Nicht-Behinderten.

Mehr als die Hälfte der Schwangeren über 35 lassen in Deutschland eine Fruchtwasser-Punktion machen. Und sie brechen mehrheitlich die Schwangerschaft ab, wenn ihr Kind behindert sein würde. Wir möchten ausdrücklich betonen, daß unserer Ansicht nach jede Frau das Recht hat, sich selbst für oder gegen die Fortsetzung einer ungewollten Schwangerschaft zu entscheiden. Aber es fällt uns unangenehm auf, daß wir in einer Gesellschaft leben, die die Abtreibung „behinderter", im Gegensatz zu „gesunden" werdenden Menschen (Feten), problemlos akzeptiert.

Bei erheblichen Behinderungen, und dazu zählt auch das Down-Syndrom, ist ein Schwangerschaftsabbruch bis zur 24. Woche möglich, und die Krankenkasse übernimmt dafür die Kosten. Wird die Fruchtwasser-Punktion in der 16. Woche durchgeführt, und dauert die Wartezeit bis zum Befund drei Wochen, bleibt nicht mehr viel Zeit für eine Entscheidung.

„Die bitterste Entscheidung meines Lebens": ein später Abbruch

Katrin saß ihrer Ärztin gegenüber und war wie benommen. Drei Wochen hatte sie auf das Ergebnis der Fruchtwasser-Untersuchung gewartet. Jetzt hatte sie soeben erfahren, daß das Kind, das sie erwartet, ein Down-Syndrom hat. Die Ärztin erzählte ihr etwas über Down-Kinder, aber Katrin hörte nicht zu. Sie hatte Angst vor dem, was auf sie zukam, so oder so.

Am nächsten Tag kam Katrin zusammen mit ihrem Freund Bernd zu einem weiteren Gespräch. „Lassen sie sich ein paar Tage Zeit", riet die Ärztin. Und sie gab ihnen die Telefonnummer eines Elternpaares, die ein sechsjähriges mongoloides Mädchen haben. Die boten Katrin an, sie möge noch am gleichen Abend mit ihrem Freund kommen. So lernten die beiden die kleine Saskya kennen. Und sie hörten von den Eltern viel über das Leben mit einem Down-Kind. Auch wenn es schwer war, sie schienen glücklich mit ihrer behinderten Tochter. Dennoch war Katrin nach diesem Abend schmerzlich klar, daß sie ihr Leben nicht derart ändern wollte. Sie kannte Bernd erst wenige Monate, und er war als Reederei-Kaufmann viel von Hamburg fort. Katrin fühlte sich einsam und war traurig, und Bernd konnte sie nicht trösten.

Am folgenden Tag sprach ihre Ärztin mit ihr über den Schwangerschaftsabbruch: „In der 19. Woche ist die sonst übliche Absaugmethode nicht mehr möglich. Der Fetus ist ja ungefähr 20 Zentimeter groß. Es muß eine künstliche Fehlgeburt durch Medikamente eingeleitet werden." Die Ärztin stellte ihr eine Indikationsbescheinigung für den Eingriff aus und besorgte ihr ein Bett in der Städtischen Frauenklinik. Katrin wollte alles schnell hinter sich bringen.

In derselben Klinik hatte sie mit 20 einen Abbruch im zweiten Monat gehabt. Medizinisch ging alles unkompliziert, aber damals war sie herablassend und unfreundlich behandelt worden. Jetzt, 17 Jahre später, wurde sie von einer Hebamme freundlich empfangen.

Das tat ihr gut. Die erklärte ihr, wie alles vor sich gehen werde. Der Arzt kam, untersuchte sie, machte einen Ultraschall und sprach ebenfalls freundlich mit ihr: Sie hätten Mitleid mit ihr und könnten ihre Entscheidung akzeptieren.

Dann wurde Katrin als wehenauslösendes Medikament ein Prostaglandin-Zäpfchen in die Scheide gegeben.

„Erst mal passierte einige Stunden nichts. Ich rief vom Bett aus meine beste Freundin an und erzählte ihr von meinem ganzen Unglück. Gegen zwei Uhr Mittag bekam ich eine Infusion mit einem Prostaglandin-Hormon. Als drei Stunden später ein starkes Ziehen im Rücken einsetzte, bekam ich Angst. Ich hatte jetzt eine andere Hebamme." Sie kümmerte sich sehr um Katrin und sprach beruhigend: Die Fehlgeburt werde demnächst einsetzen, das Kind sei auf keinen Fall lebensfähig, auch wenn es anfangs atme. Sie solle sich das Kind danach ruhig ansehen.

„Endlich kam auch Bernd dazu. Die Wehen wurden stärker und kamen in kurzen Abständen. Die Uhr zeigte sechs. Dann ein heftiger Schmerz, und ich fühlte, das Kind war draußen. Gut, daß Bernd bei mir war. Mir war elend, ich mußte schrecklich heulen."

Wenige Minuten danach kam die Hebamme wieder: „Früher haben wir die Kinder schnell von der Frau weggebracht, jetzt fragen wir: Wollen sie es sehen?" Bernd nickte, und da traute ich mich auch: „Ja!"

Katrin, jetzt, zwei Jahre danach: „Da lag es in dem Tuch: tot, rötlich die dünne Haut, die dünnen Arme und Beine. Friedlich sah es aus. Es hatte nichts Schreckliches. Ich mußte an die Schöpfungsgeschichte in der Bibel denken: wie Gott den Menschen aus Lehm geformt hat. Wir hatten es abgetrieben, der Schmerz brannte. Aber es war gut, daß wir es noch gesehen haben. Ein Mädchen war es. Wir wollten auch, daß es ganz bleibt, keine anatomische Untersuchung des Kindes. Wir haben es dann verbrennen und bestatten lassen. In allem hat uns die Klinik unterstützt.

Das war die bitterste Entscheidung in meinem Leben. Jetzt bin ich 39, und wir wünschen uns ein Kind. Ob ich wieder eine Punktion machen lasse, kann ich noch nicht sagen."

Das ist sie also, die Schattenseite der vorgeburtlichen Diagnostik. Späte Schwangerschaftsabbrüche wegen Behinderung nehmen in dem Ausmaß zu, wie Geburten chromosomengestörter Kinder abnehmen. Wie wir mit dem mutwillig herbeigeführten, unglücklichen Ausgang klarkommen sollen, wissen wir noch nicht. Auch wir als ÄrztInnen, Schwestern und Hebammen können unsere Gefühle nicht dauernd verdrängen. Wir brauchen Unterstützung, um untereinander und mit den PatientInnen offen sprechen zu können. Zur seelischen Bewältigung eines späten Schwangerschaftsabbruchs gehört, daß die Frau (das Paar) um ihr Kind trauern kann. Aber der eigene Schuldvorwurf ist oft gerade das Problem: Habe ich es denn nicht selbst so entschieden? So wollen viele Frauen die Abtreibung möglichst schnell vergessen, damit „die Wunde heilt". Sie glauben, daß ihnen die Trauer um das tote Kind nicht zusteht.

Schwangerschaft soll eine Zeit der „guten Hoffnung" sein und die Geburt soll ein natürliches Ereignis werden. Durch den medizinischen Fortschritt und durch unseren Lebensstil können wir nicht mehr so tun, als wüßten wir nichts von den Möglichkeiten, die Natur zu korrigieren. Wenn wir uns in das Wachsen und Werden der Kinder einmischen, entstehen aber außer „verbesserter Hoffnung" auch neue Ängste.

Astrid, 46 mit dreimonatiger Tochter.
…vieles leichter, wenn wir uns ambivalente Gefühle zugestehen.

VI. „Ich hab' mich nie so stark gefühlt."

Über Erkennung und Vermeidung von Komplikationen in der Schwangerschaft

Astrid hat mit 46 Jahren ihr erstes Kind bekommen: „Na gut, am Anfang diese Übelkeit. Aber dann habe ich mich so stark gefühlt wie selten in meinem Leben. Mein Alter spielte keine Rolle. Und mein Arzt hat ein paarmal gesagt: Da kommt ja wieder meine Bilderbuch-Schwangere."

Astrid ist mit ihrem „starken Gefühl" keine Ausnahme. Wir sind erstaunt, wie viele ältere Frauen so von ihrer Schwangerschaft sprechen. Das heißt nicht, daß sie nie Beschwerden hätten oder nur positive Gefühle.

Die Belastung ist durchaus zu spüren. Christel, 40, die in den letzten fünf Jahren drei Kinder bekam: „Körperlich habe ich mich tatsächlich viel schwächer gefühlt. Ich hatte so niedrigen Blutdruck, Rückenbeschwerden und dazu die zwei Kleinen. Mitunter war ich recht erschöpft. Aber seelisch: ganz stark!"

Wir sehen da sogar einen gewissen Unterschied zu jungen Frauen, die sich häufiger „insgesamt doch sehr belastet" fühlen.

Ob in jungen oder späten Jahren, ob geplant oder ungeplant, der Beginn einer Schwangerschaft löst immer auch zwiespältige Gefühle und Verunsicherung aus.

Wir haben aber den Eindruck, daß viele, die ihr Kind spät bekommen, ihr Leben eher „auf der Reihe" haben. Vielleicht können sie deshalb körperliche Schwächen einfach mal hinnehmen und Beschwerden ganz gut aushalten. Es ist eben auch eine Stärke, zu akzeptieren, daß unser Körper nicht perfekt ist. Aus diesem Grunde haben wir das Kapitel auch so genannt („…nie so stark…"), obwohl es ja um Beschwerden geht.

Starkes Gefühl, aber riskante Entscheidung?

Die Aussagen der Frauen stehen in einem bemerkenswerten Gegensatz zu der bisherigen Lehrmeinung, daß Schwangere über 35 oder gar 40 aufgrund ihres Alters ein hohes Risiko für Komplikationen zu tragen haben. Und das wiederum würde bedeuten, daß sie, vor allem aber ihre Kinder, die Rechnung für die (zu?) späte Entscheidung zu bezahlen hätten: Krankheit, Behinderung und geistige Störungen.

Mit dieser alten Lehrmeinung, die so manchen Ratgeber beeinflußte, wird nun aufgeräumt. Was bereits 1990 eine großangelegte Studie aus New York bewies, zeigen nun zwei neuere wissenschaftliche Untersuchungen, eine aus San Francisco und die andere aus der Münchner Universitäts-Frauenklinik:

40jährige Schwangere haben zwar häufiger als 20- bis 30jährige einen erhöhten Blutdruck, der behandelt werden muß und erheblich öfter einen Kaiserschnitt, aber – so die Zusammenfassung von Prof. Baltzer – „die Untersuchung zeigt, daß mit den heute zur Verfügung stehenden diagnostischen Maßnahmen – sowohl für die Mutter als auch für das Kind – nicht mit einem alters-korrelierten Risiko zu rechnen ist. Ein altersabhängiger Unterschied im Geburtsverlauf oder beim Zustand der Neugeborenen war nicht zu registrieren."[16]

Das bedeutet: Auch mit 40 kein erhöhtes Risiko, daß
– das Kind viel zu früh kommt (Frühgeburt),
– das Kind unterernährt ist (Plazentainsuffizienz),
– das Kind eine Mißbildung hat, die durch Chromosomenanalyse nicht erkannt werden kann,
– das Kind bei seiner Geburt in schlechter Verfassung ist oder
– die Mutter durch Geburt oder Wochenbett erkrankt.

So erkennen immer mehr GeburtshelferInnen, Hebammen und FrauenärztInnen, daß der Risikobegriff **„späte Erstgebärende"**, der vor über 20 Jahren geprägt wurde, überholt ist.

Daniela, 37, seit einigen Monaten Mutter und selbst Frauenärztin: „Das Risiko scheint vor allem in unseren Köpfen zu sein. Ich erlebe, daß manche Kollegen sich bei einer 40jährigen sehr schnell zum Kaiserschnitt entscheiden. Andere warten erst mal ab und gehen davon aus, daß vermutlich alles so verläuft wie bei jüngeren Frauen."

Die Kunst der Gärtner besteht sowohl im Tun
als auch im Unterlassen

(Peter Marginter)

126

Bei den Älteren wird die Geburt gleich doppelt so häufig durch Kaiserschnitt beendet wie bei den Jüngeren. Wahrscheinlich zu häufig, wie bereits GeburtshelferInnen selbstkritisch bemerken. Priv.-Doz. Dr. Herbert Pauli, Chefarzt im Elim-Krankenhaus in Hamburg: „Ein wichtiger Grund ist die Angst der Geburtshelfer." Doch zum Thema „Geburt und Kaiserschnitt" mehr im nächsten Kapitel.

Die sorgfältige Schwangerschaftsvorsorge und eine moderne, umsichtige Geburtshilfe gerade auch mit den neuen Techniken (z. B. CTG und Ultraschall) haben dazu beigetragen, daß das Risiko von Schwangerschaft und Geburt für Mutter und Kind viel kleiner geworden ist als vor 20 Jahren.

Der zweite Grund dafür liegt bei den Frauen selbst: Sie sind selbstbewußter geworden, wollen ihren Körper verstehen, sie versuchen, während der Schwangerschaft gesund zu leben, verfolgen die Entwicklung ihres Kindes mit großem Interesse und sind um dessen Gesundheit bemüht. Sie stellen Fragen und möchten Erklärungen für das, was wir als ÄrztInnen mit ihnen vorhaben. **Und fast alle bereiten sich mit Unterstützung von Hebammen auf die Geburt vor.**

Bei alledem beobachten wir eine besondere Umsicht der Älteren. Sie geben eher das Rauchen auf und stellen den Alkoholkonsum ein. Es ist, als wenn ihre Kraft zum Verzicht größer wäre.

Chefarzt Pauli: „Viele sind mit 40 einfach reifer und haben ihr Leben besser in der Hand, sie können mit Beschwerden gut umgehen und sind weniger ängstlich."

Und die Hebamme Viresha Bloemeke, 42, die als Geburtsvorbereiterin und Geburtshelferin sehr erfahren ist: „Auch wenn sie mitunter sorgenvoll sind: Die Älteren sind erwachsen und ausgeglichen, und das wirkt sich auf den Schwangerschaftsverlauf günstig aus."

Ältere haben seltener solche Belastungen, die für die Schwangerschaft ungünstig sind:
– **psycho-sozialen Streß**, das meint z. B. schlechte Partnerbeziehung, große finanzielle Sorgen, einen unsicheren Arbeitsplatz oder Wohnungsnöte
– **Suchtverhalten**

- **schwere körperliche Arbeit und insbesondere**
- **unzureichende Schwangerenvorsorge.**

Denn werden bei der Vorsorge Störungen wie Bluthochdruck oder Wehen frühzeitig erkannt, können sie behandelt werden und wachsen sich nicht erst zu Katastrophen aus.

Geburtshelfer Pauli, selbst 60, findet gerade „die 40jährigen einfach toll". Warum? „Sie bereiten mir wenig Sorgen. Wohl auch, weil die Älteren sich häufig gut ausdrücken können, weil ich ihre Sprache und damit ihre Ängste verstehe."

Auch wir merken bei unserer täglichen Arbeit, daß uns die „Späten" gefallen: Sie gehen so sorgfältig mit sich um.

Bei manchen Menschen kann allerdings der Drang, „alles richtig zu machen", so groß werden, daß sie sich selbst behindern. Gerade Frauen, die erfolgreich im Beruf sind, machen sich mitunter die Vollkommenheit zum Maßstab. Einige bereiten sich mit viel Ehrgeiz auf eine Bilderbuch-Schwangerschaft und eine natürliche Geburt vor und sind sehr irritiert über ganz natürliche Beschwerden, wie gelegentliche Leibschmerzen, Rückenschmerzen, Übelkeit oder Schwächegefühle. Weil sie auch sonst im Leben gewohnt sind, die Probleme „in den Griff" zu bekommen, fällt es einigen schwer, diese Perfektionslosigkeit des Körpers und ihres Zustandes hinzunehmen.

Beim Schreiben dieses Buches ist uns noch einmal bewußt geworden, daß das eigentliche Problem der „späten Schwangerschaft" nicht in dem besonderen Schwangerschaftsverlauf der Älteren liegt, sondern hauptsächlich in der Zeit „davor" (im Schwangerwerden) und in der Zeit „danach" (im Muttersein). Für sehr viele sind denn auch – einmal schwanger – die folgenden Fragen viel wichtiger: Wie behalte ich meinen Job? Wie kann ich trotz Kind eine berufliche Karriere machen? Wie bin ich nicht nur „Muttertier", sondern auch Frau? Wie und wo bekomme ich finanzielle Unterstützung? Wie bekomme ich für uns eine Wohnung? Und wie sichere ich mir einen Kindergartenplatz?

Aber wir sind ÄrztInnen und daher schreiben wir vor allem über die medizinische Seite der „späten Schwangerschaft".

Marion, die mit 37 ihr erstes Kind erwartet: „Vielleicht nehmen ältere Schwangere ihre Beschwerden eher wahr. Was ist normal und was nicht? Ich habe noch nicht das richtige Maß zwischen Beweglichkeit und Einschränkung. Darüber wüßte ich gern mehr, das würde mich beruhigen."

Die Grenzen zwischen „normalen Beschwerden" und beginnenden Störungen sind fließend. Wir wollen im folgenden auf die Schwangerschafts-Übelkeit und auf die vorzeitigen Wehen eingehen, obwohl ältere – wie gesagt – davon gar nicht häufiger betroffen sind als junge Schwangere. Und wir schreiben etwas über den erhöhten Blutdruck, der für etwa jede siebte Schwangere über 40 ein Problem werden kann.

„Mir ist so schön zum Kotzen!"
Freude oder Krise?

Gleich zu Anfang, häufig schon bevor die Schwangerschaft sicher festgestellt ist, fühlen einige Frauen die Veränderung in sich: eine milde Form von morgendlicher Übelkeit und manche zwei-, dreimal am Tag einen Brechreiz. Von je her gelten solche Beschwerden als Hinweis, daß da „etwas unterwegs ist" und werden nicht als ernstliche Störung gesehen. Über die Hälfte aller Schwangeren erlebt oder erleidet während der ersten drei Monate die milderen oder stärkeren Formen einer Seekrankheit.

Christa, 39, hat Zwillinge bekommen. Über ihre ersten Wochen erzählt sie: „Mir war jeden Tag schlecht, vor allem morgens. Ich habe alles ausprobiert: grüne Erbsen, Gemüsesaft und Äpfel noch im Bett. Ich war so froh, schwanger zu sein und auch über die Zwillinge. Ich habe mir dann vorgenommen, dieses unangenehme Gefühl als gutes Zeichen zu sehen. Wir haben versucht, uns einen Spaß daraus zu machen: ‚Wie schön ist mir zum Kotzen!' So habe ich diese Phase einigermaßen über die Runden gekriegt."

Vielen wird es allerdings nicht gelingen, die Übelkeit oder gar das Erbrechen auch noch als etwas Gutes zu empfinden. Und wenn schon gar „nichts mehr drin bleibt", kann aus der Freude an der Schwangerschaft am Anfang ein Elend werden.

Die Ursachen dafür sind nicht geklärt. Möglicherweise spielen die Hormone eine Rolle: Das Schwangerschaftshormon „β-HCG", das bei allen intakten Frühschwangerschaften in zunehmend großen Mengen gebildet wird. Bei Zwillingsschwangerschaften mischt sich gleich die doppelte Hormonmenge ins Blut. So sind werdende Zwillingsmütter stärker von Übelkeit betroffen. Warum aber dann nicht alle? Wir wissen keine Antwort. Bei übermäßigem Erbrechen entsteht schließlich – streßbedingt – ein Mangel des Hypophysenhormons „ACTH", der die Störung noch verstärkt.

Sind Übelkeit und Erbrechen Ausdruck einer Krise?

Marion, 37: „Als mir in den ersten drei Monaten so schlecht war, hat mir eine Freundin etwas über die unbewußte Ablehnung gegenüber dem Kind erzählt. Meine Übelkeit wäre vielleicht Ausdruck meiner unbewußten Ambivalenz. Das hat mich, ehrlich gesagt, beleidigt. Ich war verletzt und sauer. Ich wollte doch das Kind. Vielleicht hatte sie das gerade gelesen."

Vieles wird leichter, wenn wir uns ambivalente Gefühle zugestehen.

Aber Vorsicht: Von gutmeinenden Hobby-PsychologInnen werden solche „Versuchsballons" schon mal losgelassen, Beschwerden gern gedeutet. Bitter, wenn dann bei einem das Gefühl zurückbleibt: „Jetzt soll ich an dem Elend auch noch selber schuld sein."
Unterstützend war die Freundin mit ihrer verkürzten Weisheit jedenfalls nicht.

Ambivalenz, das bedeutet doppeltes, widersprüchliches Gefühl: Ich sage zwar, daß ich mich über ein Kind freue, aber ich finde es auch „zum Kotzen". Vermutlich kennt jeder von uns ambivalente, miteinander konkurrierende Gefühle, wenn er/sie sich auf ein Abenteuer einläßt. Es entsteht ein mulmiges Gefühl im Bauch. Welches Abenteuer ist schon ohne Schwierigkeiten und Überraschungen?
Wem es dabei rundum gut geht, wer nur Zuversicht und „positi-

ve Gefühle" spürt, darf sich glücklich schätzen. Ob die Freude über die Schwangerschaft groß oder klein ist, ob die Angst vor den Folgen dieses Abenteuers kaum vorhanden oder deutlich spürbar ist: Die Schwangerschaft löst anfangs – unserer Erfahrung nach – häufig eine Krise aus. Neben der Freude sind Gefühlsreaktionen wie Weinen, Unglücklichsein, Müdigkeit, Schlafstörungen, Wut, Nervosität und Sorge keine Ausnahme. Eine der Sorgen: Was kommt da alles auf mich zu, und wie kann ich den Anforderungen gerecht werden?

Außer den spürbaren und sichtbaren Veränderungen des eigenen Körpers kommen seelische und demnächst mit dem Kind gründliche soziale Veränderungen auf die Frau zu, die gemeistert werden wollen. Mit der Schwangerschaft wechselt die Frau innerhalb eines Jahres einen erheblichen Teil ihrer Identität. Bei dem gewünschten, aber endgültigen Wechsel begibt sie sich damit gleichsam auf ein „unsicheres Terrain", auf schwankenden Boden, auf eine Überfahrt.

Da werden Beschwerden wie auf einer bewegten Seefahrt verstehbar.

Gut, wenn Frauen sich die Konflikte eingestehen können, die das Kind, der kleine „Mitesser", mit sich bringt. Konflikte, die mancher Frau anfangs unlösbar erscheinen, mit dem Partner, mit der Familie, mit den ArbeitskollegInnen und mit sich selbst: mit der neuen, nie mehr rückgängig zu machenden Elternrolle. Gut, wenn sie neben der Freude auch Wut und Ärger in sich spürt und etwas davon an die richtigen Adressaten abgeben kann. Um so schwieriger für sie, wenn sie auf das geliebte Kind oder auf ihren hilflosen Chef gar nicht „böse" sein darf, weil ihre Ideale von Schwangerschaft und Mutterschaft und Beruf und Familie und Partnerschaft solche „sündhaften" Gefühle nicht zulassen. Wut und Ärger sind aber trotzdem da und könnten sich – verborgen und uneingestanden – so aufschaukeln, daß schließlich „alles nur noch zum Kotzen" ist. Da ist dann allerdings die Grenze des „Normalen" erreicht.

Die verschärften Formen der Seekrankheit erleidet nur eine Minderheit, jüngere wie ältere. Bei jeder zwanzigsten wächst sich das Erbrechen zur krankhaften Störung (Fachausdruck: Hyperemesis) aus: Der Brechreiz stülpt selbst noch den leeren Magen um. Eine tagelange komplette Eßstörung bringt Frau und Kind schließlich in einen gefährlichen Durst- und Hungerzustand.

Was hilft?
Frühstück im Bett…

Zunächst einmal alles, was die Frau in ihrem neuen Zustand unterstützt und was sie ein wenig entlastet.

Zum Beispiel der Frau ermöglichen, morgens lange im Bett zu bleiben, um dort auch ein kleines Frühstück – was auch immer – zu versuchen. Die Übelkeit beginnt ja meistens zusammen mit dem Tag, mit dem Aufstehen. Einen Schritt dafür muß sie selbst tun: Urlaub nehmen oder sich vom Arzt „krank schreiben" lassen. ÄrztInnen kennen das und sind in der Schwangerschaft gern großzügig mit einer Arbeitsunfähigkeitsbescheinigung. Sie können sogar, ohne daß die Frau „krank" sein muß, ein vorübergehendes Arbeitsverbot aussprechen, wenn die Tätigkeit unzumutbar ist oder eine Gefährdung für die Schwangerschaft bedeuten kann. Oder sie können eine Haushaltshilfe „verschreiben", denn damit läßt sich möglicherweise ein Krankenhausaufenthalt vermeiden.

Aber: Viele wollen gar nicht ihren Arbeitsplatz verlassen, um nicht gleich ihre neue „Schwäche" zu offenbaren, nicht den Unmut der KollegInnen zu wecken. Wir haben den Eindruck, daß es die, die in ihren Berufen besonders präsent sein müssen – Lehrerinnen, Kindergärtnerinnen, Ärztinnen und Sozialpädagoginnen –, erstens besonders hart mit der Übelkeit trifft und daß es – zweitens – gerade ihnen schwerfällt, sich von der Arbeit befreien zu lassen.

Chefarzt Rückert, 49: „…nicht nur positive Gefühle."

Ein Beispiel: Angela, 38, frisch verheiratet, zum erstenmal und heiß ersehnt schwanger, Oberärztin in einer Hamburger Frauenklinik, war bei aller Freude auf ihr Kind speiübel. Die Übelkeit hörte an dem Tage auf, als sie ihrem Chef die Schwangerschaft gestand. Sie hatte genau davor ziemliche Angst gehabt, ihm „diese Enttäuschung anzutun". Damit würde sie ja in Zukunft der Klinik nicht mehr so uneingeschränkt wie bisher zur Verfügung stehen. Ihr war unwohl bei dem Gedanken, sich mit ihrem neuen Zustand unbe-

Angela, 38, im 5. Monat mit ihrem Chef. Ihre Freundinnen haben sie unterstützt:
„Unser gesunder Brocken schafft sie alle drei: Kind, Chef und Mann."

liebt, ja „unmöglich" zu machen. Die Freundinnen haben ihr zu dem „Geständnis" Mut gemacht. Angela hat wieder festen Boden unter den Füßen. „Ich bin einen Großteil der Last losgeworden."

Ihr Chef, Dr. Ekkehart Rückert, 49: „Ich will nicht sagen, daß mir schlecht wurde. Aber nach diesem ‚Geständnis' ging's mir nicht gerade gut wegen der Bereitschaftsdienste, die da auf mich zukommen. Auch bei dem Chef einer Frauenklinik löst die Nachricht von Schwangerschaft nicht nur positive Gefühle aus."

Auch bittere Arznei kann helfen:
• Brechwurz (nux vomica) oder Apomorphin-Tropfen in homöopathischer Zubereitung oder
• z. B. Vomex-Zäpfchen, die allerdings müde machen.

Oder Akupunktur: Die feinen Nadeln können das vegetative Nervensystem ausgleichen, den Magen beruhigen und die Stimmung heben. Sie rufen – oberflächlich in die Haut gepiekst – erstaunliche Besserungen hervor.

...oder in die Klinik

Nur bei wenigen wird das Erbrechen zur krankhaften Störung und derart heftig, daß das Schwächegefühl zunimmt, das Körpergewicht abnimmt, weil „nichts mehr drin bleibt". Erst ein Krankenhausaufenthalt bringt – fast immer sehr rasch – die entscheidende Entlastung. Unsere Patientinnen bestätigten uns nachher, daß sie bereits die Krankenhausaufnahme als wohltuend erlebt hatten und daß sie alsbald wieder „guter Hoffnung" sein konnten, obwohl sie früher eher Angst und Unwillen beim Gedanken an die Klinik gehabt hätten.

Dort kann vorübergehend eine Tropfinfusion mit vitamin-, nährstoff-, salz- und zuckerhaltiger Lösung erforderlich sein.

„Mir ist so schön zum Kotzen"? Gleich zu Beginn der Schwangerschaft macht der Körper anscheinend eine einfache, bedeutsame Mitteilung, die manche Frau vor lauter Freude, Sehnsucht und Idealen nicht wahrhaben mag: Die Schwangerschaft und vor allem ein Kind machen auch Sorgen. Und deshalb soll die werdende Mutter Rücksicht auf sich selbst nehmen, soll sich selbst von Anfang an achten und unterstützen. Damit unterstützt sie ihr Kind am meisten.

„Mein Bauch wird immer hart": die Angst, daß das Kind zu früh kommt.

Irgendwann nach dem vierten Schwangerschaftsmonat wird der Bauch sichtbar: eine leichte Rundung zwischen Nabel und Schambein. Die Gebärmutter (Uterus) wächst von der Größe einer kleinen Birne zu Beginn der Schwangerschaft bis zu jenem Organ, das ein 50 Zentimeter großes Kind beherbergt, ernährt, belebt, schützt und am Ende durch die Muskelkraft der Wehen hinausdrückt, ins Licht der Welt.

Irgendwann im fünften Monat fühlt die Frau ein „Grummeln" im Bauch, etwas wie Blähungen: die ersten Kindsbewegungen. Was die Frau fühlt, sind die Tritte des knapp 20 Zentimeter großen Fetus bei seinen ruckartigen Streckbewegungen, wenn er sich – vom Fruchtwasser getragen – von der Gebärmutterwand abstößt. Von nun an kann die Frau sinnlich und eindeutig – ohne Ultraschalltechnik – spüren, daß sie ein lebendiges Wesen in sich trägt. Die Beziehung zum Kind wird inniger und sicherer. Beide kommen in einen Dialog.

Wird die Lebendigkeit des Fetus zunächst auch nur undeutlich wahrgenommen, so werden seine Aktivitäten mit den Wochen ausgeprägter. Er entwickelt einen Schlaf- und Wachrhythmus, scheint mitunter zu rebellieren oder verhält sich zeitweise „mucksmäuschen" still. Damit nimmt das Kind spürbaren Einfluß auf die Gedanken und Gefühle der Frau. Aber auch umgekehrt scheint das Kind schon bald nach der 20. Woche etwas von seiner Mutter, ja sogar von der Außenwelt, wahrzunehmen. Es reagiert auf „Streß", auf Geräusche, Musik und auf die Stimme der Mutter: Je älter es wird desto deutlicher der Dialog.

Aber auch der Bauch ist nicht passiv: Die Gebärmutter erscheint beim Ultraschall zwar lediglich als „Raumkapsel" für den kleinen Astronauten, als Fruchthalter, wie es früher in der Medizinersprache hieß. Sie ist aber ein sehr lebendiges Organ: ein wachsender Muskel, innen von einer Schleimhaut ausgekleidet, die jetzt mit dem Mutterkuchen in inniger Verbindung und ständigem Austausch steht.

Die Bestimmung jedes Muskels besteht darin, sich zusammenzuziehen (Kontraktion). Auch der Gebärmuttermuskel arbeitet während der Schwangerschaft, hält sich „fit" und zieht sich viele Male am Tag zusammen. Diese unwillkürlichen Muskelkontraktionen heißen Schwangerschaftswehen. Sie nehmen im Verlauf der Schwangerschaft an Zahl und Intensität zu: In der 30. Woche sind drei bis vier Wehen pro Stunde keine Seltenheit. Manche davon spürt die Frau, die meisten aber nicht. Bei dem Wort **„Wehen"** liegt denn auch die sprachliche Verbindung zu „Schmerzen".

Eine der häufigsten Fragen, die wir in der Schwangerenberatung hören, lautet:

„Ist das normal, wenn mein Bauch immer so hart wird?"

Der ziehende und mitunter anhaltende Schmerz im Leib führt viele Schwangere tagsüber in die Sprechstunde ihrer FrauenärztInnen, nachts und am Wochenende in die Klinikambulanzen. Während die Übelkeit der ersten Wochen einfach unangenehm ist, sind es vom vierten bis zum achten Monat die anfallsweisen Kontraktionen des wachsenden Muskels, die die Frauen verunsichern. Denn in Wirklichkeit führt sie nicht die Unannehmlichkeit der Schmerzen nachts in die Ambulanz, sondern die Sorge um das Kind, die Angst, daß der „harte Bauch" vielleicht der Anfang vom zu frühen Ende der Schwangerschaft sein könnte.

Daniela, 37, selbst Frauenärztin und seit kurzem Mutter eines reifen Säuglings: „Zwischen der 26. und 29. Woche hatte ich reichlich Wehen und Angst. Es ging mir schlecht, weil ich Fälle aus unserer Klinik vor Augen hatte, wo es schief gegangen war: Die Geburt viel zu früh, und dann trotz langer, intensiver Behandlung und Aufzucht ein geistig oder körperlich behindertes Kind. Als sich der Muttermund nach einer Woche trotz meiner Wehen nicht öffnete, bin ich ruhiger geworden und damit besser zurechtgekommen."

Bei Daniela waren mit einem Wehenmeßgürtel von außen die Wehen und die Herztöne des Kindes (= CTG, Cardio-Toko-Gramm) registriert worden: Jede Stunde mehrere „Wehenhügel" auf dem Papier. Keine Frage, sie hatte sich die Wehen nicht eingebildet.

Die Frage, ob Wehen gefährlich oder harmlos sind, läßt sich nicht immer sofort beantworten. Und daher wird manche Frau, die sich Sorgen macht, vom Ambulanzarzt nachts oder am Wochenende vorsichtshalber in die Klinik aufgenommen oder von uns ins Krankenhaus eingewiesen.

So wie bei Daniela stellen wir allerdings fest, daß bei den meisten Frauen (90%) die Wehen keine Schwangerschafts-Störung (vorzeitige Wehen) sind, die zu einer Frühgeburt führen. Wir sehen die Frauen dann eine Zeitlang täglich, sprechen mit ihnen, schreiben ein CTG, machen „Bakterien-Abstriche", ob etwa eine Infektion vorliegt und untersuchen den Muttermund. Der bleibt für gewöhnlich geschlossen, und das läßt sich neuerdings durch die vaginale Ultraschalluntersuchung noch sicherer beurteilen. Das ist beruhigend. Die meisten Wehen sind nicht „muttermundswirksam", eine Behandlung mit wehenhemmenden Medikamenten dann auch nicht erforderlich.

Hannelore, 42: „Ich war häufig bei meinem Arzt wegen der Schmerzen. Der sagte immer nur, das sei nichts Ernstes. Aber ich war in Panik, daß es zu früh losgehen könnte. Damit blieb ich ziemlich alleine."

Wie viele Wehen die Frau spürt und wie stark, sprich bedrohlich, sie diese empfindet, hängt sicher auch von dem jeweiligen Grad ihrer ängstlichen Anspannung ab. Manche kommt – alleingelassen – in einen regelrechten Teufelskreis hinein: Die Wehen erzeugen Angst, die Angst bewirkt seelische und körperliche Anspannung, und die verstärkt wiederum die Wehen. So wird die Schwangerschaft zur Bedrohung.

Was hilft?
Mit dem Kind sprechen…

Bereits viele Frauen haben die Erfahrung gemacht, daß sie mit ihrem Kind im Bauch sprechen können, daß das Kind „hört" und daß sich dabei auch ihr Bauch beruhigt.

„Ich habe mich in einen Sessel gesetzt, habe die Hände auf meinen Bauch gelegt und habe mit der Kleinen einfach gesprochen.

Ungefähr so: ‚Mein Bauch ist weich und hat viel Platz für dich. Ich nehme mir jetzt jeden Tag Zeit für uns, und deshalb lernen wir uns gut kennen. Ich spüre dich, und du hörst meine Stimme'. Beim nächstenmal habe ich der Kleinen ein Kinderlied vorgesungen und hab' dabei meinen Bauch gestreichelt. So konnte ich sie und mich tatsächlich beruhigen."

Gut, wenn man jemanden hat, der an der Panik nicht teilnimmt, sondern einen dabei unterstützt, die eigenen Bedürfnisse in den Vordergrund zu stellen. ÄrztInnen – wir hatten es schon gesagt – werden bei „unruhigem Bauch" großzügig mit der „Krankschreibung" sein und können, wenn etwa noch andere Kinder zu versorgen sind, eine Haushaltshilfe verschreiben.

Gesine, 43, hatte zwei Jahre zuvor eine Fehlgeburt erlitten. Sie hatte in dieser Schwangerschaft vorzeitige Wehen und – zu früh – einen geöffneten Muttermund. Dennoch hat sie vor kurzem ihre dritte Tochter – am errechneten Geburtstermin – zur Welt gebracht: „Ich hatte das Gefühl, daß mir das Kind wieder viel zu früh nach unten wegrutschen könnte. Ich hab' mich öfter hingelegt. Aber dann ist meine Freundin gekommen und hat gesagt: ‚Ich nehm' dich mit zu mir in die Lüneburger Heide und bleib' bei dir.' Da ging's mir besser. Mein Mann hat mich dabei unterstützt. Die Kinder sind dann mal eben verlottert in die Schule gegangen. Wenn ich Frauen einen Rat geben sollte: Ruhe und mal die Fünfe gerade sein lassen!"

Bei vorzeitigen Wehen ist es auch angeraten, eine Zeitlang auf Geschlechtsverkehr – im engeren Sinne – zu verzichten. Wie lange, sollten die ÄrztInnen entscheiden. Und da wir gerade dabei sind: Sonst ist solche Karenz nur bei folgenden Gefahren angezeigt: Blutungen in der Schwangerschaft, drohende Fehlgeburt, drohende Frühgeburt, nach vorzeitigem Blasensprung und bei manchen Scheideninfektionen.

...oder an den Tropf!

Mitunter lassen sich die Wehen aber doch nicht beruhigen. Mitunter öffnet sich der Muttermund doch viel zu früh und, auch wenn das selten ist, mitunter springt die Fruchtblase so früh, daß eine Frühgeburt droht. Dann ist die Frau im Krankenhaus besser aufgehoben.

Bei der Behandlung in der Klinik dreht es sich darum, die Geburt noch möglichst lange hinauszuzögern, wenn es dabei dem Kind im Bauch an sich gutgeht. Dann ist jeder Tag ein wertvoller Gewinn. Sorgfältig kann das Kind, auch mehrmals am Tag, mit CTG, Ultraschall und Infektionsdiagnostik beobachtet werden. Die Auslöser einer Frühgeburt sind nur teilweise bekannt:

- Unbemerkte Bakterien-Infektionen der Mutter spielen als Ursache von Frühgeburten eine größere Rolle, als lange Zeit angenommen wurde. Daher ist mitunter allein eine antibiotische Behandlung, die auch das Kind verträgt, schon erfolgreich.

- Manche Frauen sind, warum auch immer, zeitweilig in ihrem vegetativen Nervensystem übererregbar. Dadurch kann es auch zu einer erhöhten Muskelaktivität der Gebärmutter kommen, die sich durch Ruhe allein nicht immer mindern läßt. In Sorge um das Kind kann dann ein Tropf mit einer wehenhemmenden Lösung die Geburt vorerst verhindern. Damit die Lunge bei einer zu frühen Geburt dennoch voll funktioniert, kann das Kind über die Mutter mit einem Medikament prophylaktisch behandelt werden.

Daß das Kind anscheinend nicht drinnen bleiben, sondern lieber hinaus will, weil es sich vielleicht in ihrem Körper nicht wohl fühlt, diese Vorstellung ist für manche werdende Mutter eine massive Kränkung: Sie fühlt sich vom Kind abgelehnt. Es folgen rasch Erklärungen, Selbstvorwürfe und Schuldgefühle wie z.B.: Sicher lag es daran,
- daß ich zu aktiv war,
- daß ich zu ungeduldig war,
- daß ich so ehrgeizig im Beruf war,
- daß wir zusammen geschlafen haben,
- daß ich solche Probleme mit dem Mann habe.

Nach unserer Erfahrung spielen Konflikte mit der Familie, in der Liebesbeziehung oder mit dem Geld tatsächlich häufig eine Rolle. Innere Spannungen können die Muskelspannung erhöhen.

Heike, die damals 18 war und ungeplant von Werner, der mit dem Alkohol kämpfte, ein Kind erwartete: „Als Werner es nicht mehr aushielt und einfach abhaute, gingen die Wehen gleich los. Ich lag dann vom siebten Monat an in der Klinik."

Vielleicht haben daher Frauen, die in guten Paarbeziehungen, in guten Wohnverhältnissen und ohne große finanzielle Sorgen leben, viel seltener Frühgeburten.

Frühgeburt ist ein Kind, wenn es irgendwann nach der 24. und vor der 37. Woche geboren wird mit einem Geburtsgewicht unter 2500 g. Ein weiter Bereich: Zwischen einem frühgeborenen Kind aus der 26. Woche mit 700 g Gewicht und einem Kind aus der 34. Woche mit 2200 g liegen „Entwicklungswelten". Sie müssen in einer Neugeborenenklinik beobachtet, aufgezogen und behandelt werden. Die meisten Kliniken ermöglichen den Müttern, ihr Kind auch dort zu stillen. Dank einer modernen Neugeborenenmedizin haben die Kinder, die nach der 32. Woche geboren werden und über 1500 g wiegen, die geringsten Probleme. Über 95% sind ein bis zwei Monate nach der zu frühen Geburt gesund bei ihren Eltern zu Hause.

Die ganz Kleinen sind das Problem. Bei ihnen sind die Organe, vor allem Leber, Lunge, Hirn unreif, und sie sind zerbrechlich. Mit viel liebevoller Pflege und Zuwendung und einer sanfter, statt aggressiver werdenden modernen Intensivmedizin sind ihre Chancen, zu gesunden Kindern heranzuwachsen, viel größer geworden.

Es scheint, daß Frauen, die älter als 35 Jahre sind und ihr erstes Kind bekommen, mittlerweile ein geringeres Risiko für Frühgeburten haben als junge Frauen. Eine der Hauptursachen dafür dürfte ihre im Durchschnitt bessere psycho-soziale Lebenslage zu Beginn der Schwangerschaft sein.

„Geh zum Arzt, und du bist krank!"
Über erhöhten Blutdruck in der Schwangerschaft

„Dein Blutdruck ist seit dem letztenmal gestiegen. Heute ist er zu hoch, zweimal gemessen: 150 zu 95. Nur gut, daß kein Eiweiß im Urin ist", hörte Waltraut von ihrer Ärztin.

Waltraut hatte sich – bis auf die Übelkeit am Anfang – in all den Monaten ihrer „späten Schwangerschaft" stark gefühlt. Bis jetzt zum neunten Monat hatte sie die „40" nicht gespürt. Zeitweilige Kopfschmerzen und Schlafprobleme hatte sie so hingenommen. Sie war regelmäßig zu den Vorsorgeuntersuchungen gekommen. Blutdruck, Urin, die Entwicklung des Kindes: „Alles in bester Ordnung", hatte sie jedesmal zu hören bekommen. Und wegen der stärkeren Gewichtszunahme hatte die Ärztin sie beruhigt: „Kein medizinisches Problem, solange Blutdruck und Urin gut sind."

Jetzt, nach diesem „150 zu 95", ging es ihr plötzlich schlecht. Schuld daran war nur das Blutdruckmeßgerät. „Geh zum Arzt, und du bist krank", ärgerte sie sich. Sie lag am CTG-Gerät, „um zu sehen, ob der Kreislauf vom Kind bei dem Druck noch in Ordnung ist" und machte sich Gedanken: „War sie selbst daran Schuld? War die Ernährung falsch? Zuviel Aufregung? Die Ärztin hatte ihr ja mal geraten, sich mehr Ruhe zu gönnen, sich auch tagsüber mal hinzulegen. Aber so immer das richtige Maß zwischen Ruhe und Aktivität zu finden...?"

Es muß ihnen so vorkommen, als machten wir sie krank mit unserer Vorsorge und der „Messerei". Sie spüren keine Schmerzen wie bei vorzeitigen Wehen und leiden nicht unter einer „Seekrankheit". Ihr Leidensdruck entsteht erst durch den Arztbesuch: Aus ihrer wohlbefindlichen Schwangerschaft mit „guter Hoffnung" machen wir im Nu eine mit Risiko. Das ist für gesunde Frauen, ob sie 20 oder 40 sind, schwer zu akzeptieren. Welche Gefahr soll schon sein, wenn ich mich gut fühle? Und dann noch die Angst vor den wiederholten Blutdruckmessungen der nächsten Tage: Wie hoch wird er heute sein? Steigt der Druck nicht allein schon dadurch?
Ihren zu hohen Blutdruck fühlt sie nicht oder erst, wenn er extrem hoch ist. Viel häufiger führt Schwangere ein zu niedriger Blutdruck zum Arzt: Erschöpfung und Schwindelgefühle stellen sich ein.
Waltraut war von den „Späten" unseres Buches die einzige Frau, deren Kinderkriegen durch einen „schwangerschafts-induzierten Hochdruck" (SIH), wie der Fachbegriff heißt, kompliziert wurde. Aber es scheint so, daß bei den Schwangeren ab 40 und den unter 18 Jahren der Blutdruck leichter in die Höhe geht (Statistik: bei etwa jeder siebten) als bei Frauen zwischen 20 und 30 (Statistik: bei etwa jeder 14.)

Was ist das für eine Störung
und worin besteht ihr Risiko?

Blutdruck 150 zu 95: Die erste Zahl zeigt den Druck in den Blut-Arterien an, während sich der Herzmuskel zusammenzieht (Systole), der zweite Wert den „übrigbleibenden" Druck, während sich das Herz entspannt (Diastole). Nun könnte man meinen: Je höher der Druck desto besser die Durchblutung. Aber dem ist nicht so, eher das Gegenteil stimmt: Die Störung liegt bei den Blutgefäßen. Weil sich die feine Muskulatur der Gefäße – warum auch immer – zusammenzieht und diese verengt, steigt der Blutdruck. Der erhöhte Blutdruck ist also nicht die Ursache, sondern die Folge einer Schwangerschaftsstörung. Die Werte zeigen das Ausmaß dieser Störung an, die von Medizinern als Gestose bezeichnet wird.

Die meisten Frauen haben Werte zwischen 100 zu 60 und 135 zu 90 (Maßeinheit: mm Hg). Ein Druck von 140 zu 90 ist noch normal, einer von 140 zu 95 nicht mehr. Und je höher der Wert über 140 und 90 liegt, desto größer die Gefahr, daß die Durchblutung bereits nicht mehr stimmt. Ist die Durchblutung des eigenen Gehirns gestört, so ist das immer gut zu spüren. Aber die Durchblutung des Mutterkuchens und des Kindes läßt sich nun mal nicht wahrnehmen.

Dabei macht eine kurzfristige (wenige Tage dauernde) und leichte Durchblutungsstörung dem Kind nichts aus. Die „Durchblutungsreserven" sind recht groß. Über viele Tage und Wochen hinweg aber **kann** es durch die Gestose zu Störungen in der Entwicklung des Kindes kommen: Eine Mangeldurchblutung des Mutterkuchens (Plazentainsuffizienz) **kann** zur Unterernährung des Kindes führen, am Ende schließlich zur Mangelversorgung seines Gehirns und im äußersten Fall zum Tod.

Auch für die Frau können ein steigender Druck und eine ständige Eiweißausscheidung im Urin Vorboten einer Gefährdung (sog. Präeklampsie) sein: im äußersten Fall für Nieren- und Leberversagen und Krampfanfälle (Eklampsie).

Das alles ist glücklicherweise heutzutage selten geworden: **Die Vorboten einer Gefährdung werden bei den regelmäßigen Vorsorgeuntersuchungen erkannt.**
Früher, als regelmäßige Untersuchungen nicht üblich waren, als

schwangere Frauen den Arzt nur bei Beschwerden aufsuchten, kam es häufiger zu den Katastrophen.

Keine Gefährdung und **keine** Vorboten der Gestose sind: Eine Wasseransammlung in Füßen, Beinen, Händen oder im Gesicht, Hauptgrund für eine starke Gewichtszunahme. Viele entwickeln solche Ödeme. Sie können lästig werden, wenn die Haut sich anspannt oder quälend, wenn die Finger wie „eingeschlafen kribbeln". Aber Ausdruck einer „Schwangerschafts-Vergiftung", wie das früher hieß, sind sie nicht. Ödeme beeinflussen den weiteren Verlauf nicht nachteilig. Sie müssen auch nicht durch Reistage, salzarmes Essen oder Dursten „ausgeschwemmt" werden.

Trotz intensiver Forschung ist es bisher nicht gelungen, die eigentliche Ursache für Schwangerschafts-Hochdruck und Gestose ausfindig zu machen. Wie es zu der Störung der Blutzusammensetzung in den feinsten Gefäßen der Plazenta kommt, ist ungeklärt. Wahrscheinlich wirken mehrere Faktoren mit der Schwangerschaft im Zusammenspiel: Eine genetische Disposition des Körpers, seelische Konflikte und soziale Belastungen. Das klingt kühl und einfach. Ist es aber nicht.

Soziologische Untersuchungen weisen darauf hin, daß „sozialer Streß" ein Faktor ist: Übermäßige, auch ehrgeizige, Arbeitsbelastung, schwere körperliche Arbeit, Arbeitslosigkeit, alleinstehend sein (ohne Partner bzw. unterstützende, verläßliche Personen), Armut.

Psychologische Untersuchungen weisen auf einen weiteren Faktor hin, den wir von manchen unserer Gestose-Patientinnen auch kennen: Viele sind sensible, sehr verletzbare Menschen, die viel Wert auf das Urteil anderer legen. Gleichzeitig stellen sie hohe Ansprüche an sich selbst. Ihr idealisierter Anspruch, es allen (Arbeit, Familie, Kind, Partner) Recht machen zu wollen, kommt in Konflikt mit dem verständlichen Wunsch, auch etwas für sich zu brauchen. Es erzeugt für gewöhnlich Wut, wenn wir permanent „zu kurz kommen". Und wenn wir unsere „Schwäche" nicht zeigen mögen, weil wir so einen hohen Anspruch an uns haben, dann macht die Wut in uns Druck. Der kann zum Bluthochdruck werden. Man könnte sagen: Was in der Frühschwangerschaft die Störung übermäßigen Erbrechens mitbewirkt, begünstigt in der Spätschwangerschaft den SIH.

Was hilft?
Auf die linke Seite drehen...

Wenn das erstemal ein zu hoher Blutdruck festgestellt wird, kann oft allein durch Schonung eine weitere Störung verhindert werden. Blutdruck, Urin und das Kind werden alle ein bis zwei Tage untersucht. Solange das Kind wächst (wöchentlich Ultraschall) und es ihm gut geht (CTG, sogenannter „Doppler-Ultraschall") und solange der Blutdruck nicht steigt, kann die Behandlung zu Hause erfolgen, die Kontrolle in der Praxis.

Das heißt aber: Sicher nicht mehr arbeiten, keinen Hausputz und mehrere Stunden pro Tag hinlegen. Untersuchungen sollen gezeigt haben, daß die Lage auf der linken Seite sich besonders günstig auswirkt. Falls nötig, kann zur Versorgung der Familie eine Haushaltshilfe verschrieben werden. Keine spezielle Diät, viel trinken. Menschen, die einem guttun, sollen kommen und einen bedauern! Dann wieder in die Praxis: Gut, wenn der Druck nicht weiter steigt, sinken wird er meistens so schnell nicht.

Zusätzlich werden oft Magnesium-Tabletten verordnet und mitunter auch – zurückhaltend – blutgefäßerweiternde, blutdrucksenkende Medikamente. Günstig hat sich autogenes Training bewährt, in der Gruppe zu lernen. Auch mit zusätzlicher Akupunktur (einmal pro Woche) haben wir gute Erfahrungen gemacht.

...oder die baldige Geburt

Wenn trotzdem die Lage schlechter wird, das Kind nicht wächst oder die Störung erst in einem späten Stadium festgestellt wurde, soll die Überwachung und Behandlung von Frau und Kind im Krankenhaus stattfinden. Wir wissen, daß das für manche Frauen schwer zu akzeptieren ist, weil sie sich ja – wie gesagt – nicht krank fühlen. Aber eine intensive Überwachung (mehrfach täglich CTG) und eine genau dosierte Medikamentenbehandlung sollen schließlich eine Katastrophe verhindern. Dabei kann sich auch herausstellen, daß das Kind nicht mehr lange im Bauch bleiben sollte, weil es „drinnen" nicht mehr genügend versorgt, ja gefährdet wird. Wenn also die Lebensbedingungen „draußen" erheblich besser sind, soll es vorzeitig und künstlich auf die Welt gebracht werden.

Dazu kann auch ein Kaiserschnitt notwendig sein. Und manchmal kann die baldige Geburt auch im vorwiegenden Interesse der Frau sein: Denn für gewöhnlich ist die gefährdende Blutdruck-Krise mit der Entbindung zu Ende, der Druck normalisiert sich innerhalb weniger Tage.

Aus Gesprächen mit solchen Frauen wissen wir, daß sie sich selbst Vorwürfe machen und sich die Schuld an der Störung geben: Vielleicht bin ich doch zu dick. Oder: Jetzt kann ich noch nicht einmal mehr das Kind ernähren. Oder: Ich wußte, daß ich keine gute Mutter bin.

Ein neuer Teufelskreis aus Angst, Sorge und Schuld: Mit einem hohen Ideal von der guten Mutter behindern manche die Achtung vor sich selbst und sind dabei nicht gut zu sich. Dabei wäre es für sie und die Kinder besser, wenn sie sich mit der leichteren Rolle begnügen könnten: nur „gut genug" zu sein.

Waltraut bekam schließlich ihren Sohn Nico: „Der Blutdruck stieg weiter an. Als ich am Stichtag zu einer Kontrolluntersuchung ins Krankenhaus ging, behielt man mich gleich dort. Ich spürte hin und wieder eine Wehe, aber der Muttermund war fest geschlossen. Während der Wehen wurden die Herztöne des Kindes jedesmal schlecht. Ich bekam Angst um unser Kind und war froh, als der Arzt mir erklärte, daß ein Kaiserschnitt gemacht werden müsse."

VII. Zur Welt bringen

Geburt und Geburtsvorbereitung

Marianne hatte in jüngeren Jahren zwei Söhne zur Welt gebracht und bekam jetzt, mit 49, noch einmal ein Kind: „Bei dem Gedanken an die Geburt hatte ich schreckliche Angst."

Nach unseren Beobachtungen hat jede Schwangere irgendwann Angst vor der Geburt. Die unsicheren, unbehaglichen Gefühle und die Gedanken vor dem, „was da auf mich zukommt", nehmen meist zu, wenn der Bauch größer wird. Das zeigt sich etwa an unruhigem Schlaf. Tatsächlich bringt die Geburt ja auch Unangenehmes mit sich und birgt Risiken: Schmerzen, Verletzung, Erschöpfung („werde ich das schaffen?") und ungewisse Folgen („was wird mit dem Kind sein, was wird aus mir?"). Dazu kommen vielleicht weitere Ängste, wie: bei dem ganzen die Kontrolle zu verlieren.

„Hätte ich als 10jähriges Mädchen den Vorgang einer Geburt erklären müssen, hätte das wohl folgend gelautet: „Zuerst bekommt man Kreuzweh, wie der Opa beim Ischias, aber tausendmal so arg, dann platzt die Blase, aber nicht die, wo Lulu drinnen ist, viel Wasser rinnt die Beine herunter, dann bekommt man Krämpfe, wie die Oma bei der Gallenkolik, aber tausendmal so arg, man muß stöhnen und schreien und fährt ins Spital, und alles wird noch ärger, zwei Hebammen legen sich einem auf den Bauch und schimpfen, daß man pressen soll und nicht zurückhalten, ein Doktor hält die Beine fest, das Kind kriecht heraus, und man ist eingerissen. "
(Christine Nöstlinger in ihrer sehr lesenswerten Einführung „Ein vollgepackter Rucksack" zu dem Fachbuch „Schwangerschaft als Krise" von Beate Wimmer-Puchinger, Springer Verlag, 1992)

Auch wenn Angst normal ist, sie bedeutet Streß und Anspannung. Daher ist es sinnvoll, sich zusammen mit anderen Schwangeren auf die Geburt vorzubereiten.

Marianne, 53, mit Katharina, 4. „Schreckliche Angst …, aber leichter als beim ersten Kind. "

„...meinem Körper und meinen Gefühlen folgen."

Das Angebot ist groß und bunt, jedenfalls in den Städten. Die Kurse zur Vorbereitung auf die Geburt werden von speziellen Geburtsvorbereiterinnen, Hebammen, Heilgymnastinnen oder Pädagoginnen geleitet und werden von den Krankenkassen bezahlt. Auch die Geburtskliniken haben erkannt, daß Geburtsvorbereitung die „Arbeit unter der Geburt" erleichtert: Viele bieten selbst Kurse an. Die Schwangeren werden so schon früh mit der Klinik vertraut. Es hat sich gezeigt, daß die Mischung aus Information, Entspannung, Austausch mit anderen und die Einstimmung auf das erwartete Ereignis nicht nur angst-, sondern auch komplikationsmindernd sind. Die Kurse bestehen aus 6 bis 12 Sitzungen und sollen zwischen der 28. und 32. Woche beginnen. Sie finden in kleinen Gruppen statt, entweder nur für die Frauen oder für Paare, meistens einmal wöchentlich. Die meisten Frauen erwarten ihr erstes Kind. Während sich bei den jüngeren erstgebärenden Frauen etwa zwei Drittel mit Hilfe eines solchen Kurses vorbereiten, sind es bei den älteren fast alle.

Außer den klassischen Vorbereitungsmethoden nach Read oder Lamaze, gibt es Angebote auf der Grundlage von Yoga, Meditation oder autogenem Training. Manche erfahrene Geburtsvorbereiterinnen arbeiten auch lieber ohne festgelegte „Methode". Informationen darüber, Empfehlungen und Adressen gibt es in Kliniken und Arztpraxen.

Ein guter Kurs enthält vier verschiedene Elemente:

1. Information. Was geht im Körper während der Geburt vor? Wodurch werden Wehen ausgelöst? Was verursacht Schmerz? Was kann ich selbst (oder: ich als Mann) dazu beitragen, die Geburtsarbeit für mich (die Frau) und das Kind zu erleichtern und wie? Wie geht das mit dem Stillen? Und wie pflege ich den Säugling?

2. Entspannungsübungen und „Körperarbeit". Den Körper bewußt spüren lernen: Passiv-Sein, sich tragen lassen, gelassen sein. Dann Anspannung registrieren und die Gefühle dabei. Mit gezielten Übungen entspannen lernen, um nicht das ängstliche Opfer von Anspannung durch Schmerz sein zu müssen.

3. Selbstvertrauen und Mut stärken. Dafür gibt es kein Patentrezept. Aber die Frau (das Paar) kann lernen, sich auf die Kreissaal-

Situation einzustellen: Fragen und Bitten an Hebamme und Arzt auch auszusprechen. Angst und Schmerz auszudrücken. Sich zu bewegen und die Körperhaltung zu wechseln bei starken Schmerzen. *4. Gespräche.* Angst und Unsicherheit entstehen auch aus den Lebensumständen und den Veränderungen, die mit dem Kinderkriegen einhergehen. Woher kommt meine Angst?

Viresha, Hebamme: „Das Beste, was ein Kurs der Frau vermitteln kann, ist, Mut und Vertrauen zu sich selbst zu haben. Statt Gefühle, wie Ärger und Angst zu unterdrücken, wollen wir sie ermutigen, ihre Bedürfnisse auszudrücken. Das tut gut. Sie darf Schmerz und Unruhe zulassen, dann können die Hebamme, der Mann und die Ärztin sie unterstützen. Unter der Geburt meinem Körper und meinen Gefühlen zu folgen ist ein guter Weg. Die Frau soll erfahren, daß alles, was sie für die Geburt und für den Start mit dem neuen Kind braucht, in ihr ist."

Und noch etwas: Sie muß nicht perfekt sein! Angst, Schmerz und Unruhe kommen eben. Und Geburtsvorbereitung heißt nicht automatisch: „positives Geburtserlebnis" oder keine Probleme bei der Geburt. Wir schreiben das, weil manche sonst vielleicht an den Wettbewerben teilnehmen werden: Wer hat die natürlichste Geburt und wer hat das positivste Geburtserlebnis.

> *Gott respektiert mich, wenn ich arbeite,*
> *er liebt mich, wenn ich singe.*
>
> (Rabindranath Tagore)

Ebenfalls kein Allheilmittel, aber von guter unterstützender Wirkung ist Akupunktur. Wir halten uns dabei an die erprobte Methode der „Wiener Schule" und beginnen zirka vier Wochen vor dem errechneten Geburtstermin mit der ersten Sitzung. Dann „nadeln" wir einmal wöchentlich bis zur Geburt, also meistens fünfmal. Daß diese Methode erfolgreich ist, wurde zuerst an Kühen (ja, an Kühen!) getestet. Danach stellte sich im Rahmen einer wissenschaftlichen Studie mit erstgebärenden Frauen ebenfalls der Erfolg heraus: eine um durchschnittlich zwei Stunden verkürzte Geburtszeit. Nebeneffekt: nach den 20minütigen Sitzungen oft ausgesprochenes Wohlbefinden und besserer Schlaf.

Wer die Möglichkeit bei sich am Ort hat, soll sie nutzen. Für alle, die etwas damit anfangen können, hier einige Punkte, von denen aber immer nur vier oder fünf pro Sitzung gegeben werden: LG 19, KG 15, Di 4, Ma 36, G 34, Mi 6, Ni 6, Bl 62, 64.

Da wir schon (wieder) bei der Akupunktur sind: Gerade die älteren Schwangeren – so unsere Erfahrung – sind besonders motiviert, das Rauchen aufzugeben, und viele hören von sich aus auf. Die darin scheinbar unüberwindliche Probleme sehen, können sich durch Akupunktur (Ohrakupunktur) dabei unterstützen lassen.

Wünsche an Klinik und Geburtshelfer

Sigrid, erste Schwangerschaft, 42, vor der Geburt: „Ich habe mir die Klinik ausgesucht, weil mir die Atmosphäre dort freundlich schien. Am liebsten würde ich das Kind zu Hause bekommen, aber ich fühle mich besser, wenn man zur Not einen Kaiserschnitt machen kann. Schade, daß die meisten FrauenärztInnen ihre Frauen nicht auch entbinden."

Anna, 37, erwartet das erste Kind: „Am liebsten eine Hausgeburt mit Menschen, die mich kennen und unterstützen. In guter Atmosphäre habe ich mehr Kraft. Aber eine medizinisch sichere Versorgung ist mir noch wichtiger als Kerzenschein. In der Klinik wünsche ich mir Herzlichkeit und natürlich fachliche Kompetenz. Ich wünsche mir, daß die betreuenden Personen wie eine gute Mutter und ein guter Vater zu mir sind und mir in schwachen Augenblicken Zuversicht vermitteln."

Beide haben sich Kliniken angesehen und sich ihren Geburtsort ausgewählt. Auch das ist typisch für ältere Schwangere. Eine entspannte Kreissaal-Atmosphäre und ein Team von ÄrztInnen und Hebammen können denn auch mal eine versäumte Geburtsvorbereitung ersetzen.

Kinderkriegen letzter Teil: die Geburt

Marianne, 49, hatte überhaupt erst spät ihre Schwangerschaft bemerkt: „Ich konnte mich vor allem seelisch nicht so doll vorbereiten." Der Oberarzt des Kreiskrankenhauses hatte sie mit seiner knappen Festellung: „Das muß in ihrem Alter mit Kaiserschnitt kommen!" schockiert. Er hatte sie gar nicht untersucht, und sie hat ihm nicht geglaubt.

Marianne: „Ich hatte noch meine alte Hebamme. Als es mit den Wehen los ging, habe ich am ganzen Leib gezittert – eben wohl die Angst – bis sie kam. Dann wurde ich ruhiger, weil ich wußte, die wird das schon machen. Irgendwie mußte ich mich ja fügen." Die Geburt – in der Klinik – war ein paar Stunden schmerzhaft, verlief aber völlig normal und glatt. „Besser als die erste vor 25 Jahren", und als besondere Zugabe: Marianne bekam ein Mädchen. „Das hatte ich mir immer gewünscht."

Chefarzt Pauli („die Frau mit 40 ist toll") vom Elim-Krankenhaus in Hamburg: „Ich erlebe, daß Ältere im Durchschnitt besser mit Schmerzen umgehen." Und zur Frage, ob bei älteren die Geburtswege vielleicht nicht mehr so nachgiebig (rigide) sind, meint der erfahrene Geburtshelfer: „Die mangelnde Elastizität bei der Spätgebärenden halte ich für ein Märchen."

Auch die Hebamme Viresha Bloemeke, die früher viele Hausgeburten begleitet hat, sah „das Alter nie als Kriterium". „Die Geburten verliefen nicht anders als bei den Jüngeren."

Marianne weiter: „Als ich danach das Kind in den Armen hielt, fing ich fürchterlich an zu weinen, die ganze Nacht." Die Entspannung, die Dankbarkeit und die Freude darüber, daß Katharina vollkommen gesund war (die Hebamme auf Platt: „alens dran") und daß ich alles so gut überstanden hatte, mußte sich in Tränen Luft schaffen. Aber auch ihre Scham- und Schuldgefühle – wie sie uns berichtet – darüber, daß ich das Kind nicht gleich gewollt hatte.

> *„Wenn die Männer die Kinder kriegen müßten",*
> *sagte meine Mutter oft,*
> *„dann wäre die Welt schon längst ausgestorben."*
> (Christine Nöstlinger in „Ein vollgepackter Rucksack")

Am Ende sind das Kind und die Frau wichtiger als die Geburt. „Weil man eh damit rechnen muß", ist es auch – gerade für die Älteren – keine Niederlage, wenn die Geburt durch Kaiserschnitt (Sectio) beendet werden muß. Außerdem wünschen sich gar nicht alle Frauen „am liebsten eine natürliche Geburt". Manche sehen im

Kaiserschnitt eine willkommene Abkürzung der anstrengenden Geburtsarbeit und bitten die GeburtshelferInnen auch schon mal ganz direkt darum, „lieber von vornherein den Schnitt zu machen". Da kann auch schon mal die Angst mitspielen, daß eine normale Geburt die Scheide verändert und damit die Sexualität gefährden könnte.

Bei Andrea („Ich bin ein exzessiver Mensch"), 35, lag das Kind in der 34. Woche „verkehrt herum": Steißlage. Trotz indischer Brücke, Moxibustion (Erhitzung von Akupunkturpunkten) und Akupunktur – der Versuch ist durchaus sinnvoll – wollte sich das Kind nicht in die rechte Lage drehen. Als sie drei Wochen später einen vorzeitigen Blasensprung bekam, war die Entscheidung wenigstens klar: Schnittentbindung. Noch einmal Panik („Sectio, das war nicht witzig") bis zur Narkose („die Geräte, die Prozedur"), dann wachte sie auf und hatte einen gesunden Jungen im Arm. Das war bei ihrer Vorgeschichte und Drogenkarriere ohnehin das wichtigste. Auch Andrea war gut vorbereitet auf eine natürliche Geburt.

Je älter die Frau, desto wertvoller das Kind?
Oder warum so viele Kaiserschnitte?

Die Zahl der Kaiserschnitte ist während der letzten zehn Jahre bei allen Schwangeren angestiegen, weil
– häufiger Komplikationen überhaupt entdeckt werden,
– Ärzte mehr Rücksicht auf das Kind nehmen
– und auch deshalb vorsichtiger geworden sind, weil
– sie sich häufiger in Schadensersatzprozessen die Frage stellen lassen müssen: „Warum haben sie dann nicht gleich die Sectio gemacht?"

Besonders häufig werden Spätgebärende – vor allem beim ersten Kind – per Kaiserschnitt entbunden. Die „Sectiorate" steigt vor allem nach dem 35. Lebensjahr, wenn das Risiko-Kreuzchen im Mutterpaß erscheint, stark an. Das Ergebnis der zitierten Münchner Studie: Bei 28,5 % aller Frauen ab 40 wurde ein Schnitt gemacht (zwei von sieben), bei den 20–30jährigen waren es „nur" 13,5 % (eine von acht). Noch deutlicher ist der Unterschied, wenn es das erste Kind ist: 45,2 % (fast die Hälfte) bei den älteren Müttern, 19,5 % (jede fünfte) bei den jüngeren. Zu fast identischen Ergebnissen kommt die Studie aus San Francisco.[17]

Werden Ältere nur wegen ihres Alters anders behandelt als Jüngere? Die Antwort fällt selbst Experten nicht leicht.

Kaiserschnitte sind heutzutage fast immer in der Sorge um das Kind begründet und nicht wie vor 100 Jahren zur Rettung der Mutter. Die Gründe (Indikationen) im allgemeinen:

– Gefährliches Absinken der kindlichen Herztöne und damit die Gefahr eines Sauerstoffmangels (Asphyxie)
– Steiß- oder Querlage des Kindes (Lageanomalie)
– Mehrlingsschwangerschaften in ungünstiger Lage
– schwere Gestose („Schwangerschaftsvergiftung")
– Geburtsstillstand (Muttermund öffnet sich nicht)
– Mutterkuchen vor dem Ausgang (placenta praevia)
– Frühgeburten unter 1500 g

Aber nur drei dieser Gründe kamen in der Studie bei den älteren erstgebärenden Amerikanerinnen wirklich häufiger vor:
– Steißlage, bei 10 %, gegenüber 5 % bei den Jüngeren
– Mehrlinge, bei 4 %, gegenüber 2 % bei den Jüngeren
– Akutes Absinken der Herztöne, bei 12 %, bei den Jüngeren: 7 %.

„Diese Unterschiede erklären aber nur einen Teil der vielen Kaiserschnitte", schreiben die amerikanischen Geburtshelfer und diskutieren ganz offen, daß sie sich möglicherweise bei Älteren einfach anders verhalten:

1. „Mehr Angst, daß etwas schiefläuft. Man entscheidet sich in manchen Situationen schneller oder von vornherein zum Kaiserschnitt bei Frauen, die gegen Ende ihrer fruchtbaren Lebensperiode das erstemal ein vielleicht langersehntes („wertvolles") Kind bekommen. Bei Jüngeren würde man erst mal abwarten."

2. „Je reifer und selbstbewußter Frauen sind, desto eher sprechen sie von sich aus die GeburtshelferInnen auf einen Kaiserschnitt an oder bitten direkt darum".

3. Mehr Angst gegenüber älteren, selbstbewußten Frauen vor eventuellen Schadensersatzforderungen, wenn nachher etwas schiefgelaufen sein sollte.

Vermutlich ist kaum ein Geburtshelfer völlig frei von solchen Motiven und Überlegungen. Aber viele sind sich angesichts der steigenden Kaiserschnittzahlen des Problems bewußter geworden. Dr. Peter Watson: „Am Ende hätten wir zwei Arten von Geburtshilfe, eine für jüngere und eine für ältere Frauen mit sogenannten wertvollen Kindern."

„Ich bemühe mich, mich nicht anders zu verhalten", meint Dr. Pauli. „Die Ergebnisse werden nicht besser, wenn man viel schneidet."

Jede Frau, bei der ein Kaiserschnitt geplant oder vorhersehbar ist, sollte sich von dem behandelnden Arzt ausführlich über die Gründe und die Risiken aufklären lassen. Auch wenn der Schnitt erst im Geburtsverlauf notwendig wird, für eine verständliche Begründung ist fast immer Zeit. Und auch danach sollte noch einmal ein klärendes Gespräch zwischen Arzt und Patientin stattfinden, damit die Mutter die Richtigkeit der Entscheidung verstehen und das unerwartete Geburtserlebnis seelisch besser verarbeiten kann.

Trotz Kaiserschnitt geborgen gefühlt

Waltraut hat beide Erfahrungen gemacht: Niki kam per Kaiserschnitt zur Welt, da war sie 40. Tochter Nini kam völlig normal, kurz vor ihrem 45. Geburtstag.

Als sie beim erstenmal in die Wehen kam, war der Blutdruck viel zu hoch und die Herztöne des Kindes wurden zu niedrig. Klare Entscheidung, die sie sofort verstehen und akzeptieren konnte: „Als der Arzt mir die Notwendigkeit eines Kaiserschnitts klarmachte, war ich sofort einverstanden. Ich spürte weder Enttäuschung noch Wut. Ich wollte nur, daß unser Kind heil und gesund aus meinem Bauch herauskommt. Wie, das war mir jetzt egal." Es war noch genügend Zeit für eine Periduralanästhesie (Betäubung der schmerzleitenden Nervenbahnen). Sie fühlte sich zwischen den Schwestern und ÄrztInnen sicher aufgehoben. Andreas, ihr Mann, saß bei ihr, neben dem

Anästhesisten am Kopfende. Und so hörten sie den ersten schüchternen Schrei ihres Sohnes gemeinsam. Waltraut: „Ein Augenblick unbändigen Glücks und unendlicher Erschöpfung."

Dann, vier Jahre später, beim zweitenmal, war alles anders:

„Als wir im Barmbeker Krankenhaus ankamen, waren die Wehen wie weggeblasen, der Muttermund zu. Beim Spaziergang durch den Park ging's los: Wie eine riesige Welle rollte ein ziehender Schmerz durch meinen Körper und gleich schon die nächste. Die Hebamme untersuchte mich: Der Muttermund sei weit geöffnet. Welch ein Glück, ich kannte sie schon von Nikis Geburt. Dann ging alles ganz schnell, wie im Rausch, obwohl ich weder Schwangerschaftsgymnastik noch Atemübungen gemacht hatte. Andreas stützte mich, und ich war konzentriert. Ich fühlte mich hier so geborgen, fast wie zu Hause. Schließlich platzte die Fruchtblase, Erleichterung. Die Preßwehen waren stark. Ich spürte wie Nini rausdrängte. Gerlinde, die Hebamme, sagte mir, was ich machen solle, und zwei Minuten später lag der kleine knuddelige Körper auf meinem Bauch. Von so einer Geburt hatte ich geträumt."

Nach dem Kaiserschnitt war die zweite Geburt wie ein Geschenk: Sie hatte noch nicht einmal einen Dammschnitt bekommen.

Natürliche Geburt, aber nicht um jeden Preis

Sigrid, 42, im Jahr zuvor ein Kind adoptiert („wegen meiner Unfruchtbarkeit"), hatte sich für ihre erste Geburt einfach auf alles vorbereitet. Sie hatte das Gefühl, „daß ich mit Schmerzen gut umgehen kann". Und für die Geburt („die wird bestimmt prima") war ihre einzige Sorge, „daß dem Kindchen nichts passiert". Sie hatte einen Geburtsvorbereitungskurs absolviert, hatte sich akupunktieren lassen und sich die Paracelsus-Klinik in der Nähe Hamburgs ausgesucht („freundliche Umgebung, bißchen wie zu Hause"). Weil sie aber „keine natürliche Geburt um jeden Preis" wollte, bat sie Geburtshelfer Müller, mit ihr „immer im Gespräch zu bleiben, ob irgend etwas auf einen Kaiserschnitt hindeutet". Sie wollte nicht „erst 20 Stunden Wehen und dann doch die Sectio" bekommen. Auch die Periduralanästhesie (PDA) war für sie kein Tabu.

Weil der Termin erheblich überschritten war, bekam sie ein Prostaglandin-Gelee an den Muttermund. Ein paar Stunden später ging es los: „Wehen im Minutentakt, sehr heftig". Nach fünf Stunden Bewegung-Entspannung-Bewegung, Massage und autogenem Training: „Ich glaube, ich halt's nicht aus, vielleicht doch die PDA!" Sehr professionell die Hebamme: „Ich glaube, sie sind weiter als wir denken." Eine Stunde später war Antonia da. Der Arzt blieb arbeitslos. Und sie blieb ohne Dammschnitt. Sigrid im nachhinein über die Preßwehen: „Ein tolles Gefühl, das hört sich pervers an." Und: „Das hat mich an mir selbst erstaunt, daß ich stöhnen kann, etwas Wunderbares und Sinnliches." Ihr Mann – vor der Geburt noch „das ist nichts für mich" – war dabei. Wenn alle Geburten so wären…!

> *„I am beginning to think that 35 is young."*
> (Dr. Thomas Garite, bekannter kalifornischer
> Geburtshelfer aus Orange, 1993 in der Studie
> über späte Erstgebärende:)

Alle Geburten sind aber nicht so. Wenn die amerikanischen und die Münchner Wissenschaftler zu dem Ergebnis kommen, daß keine Unterschiede zwischen Älteren und Jüngeren bestehen hinsichtlich Dauer der Schwangerschaft, Zeitpunkt der Geburt, Dauer der Geburt und keine Unterschiede im Zustand der geborenen Kinder, ist das sehr beruhigend. Aber ein Kaiserschnitt ist eine Bauchoperation – oder wie Andrea das sagt: „nicht witzig" – und kann auch unangenehme Folgen haben.

In der Zusammenfassung der Münchner Studie von 1993 liest sich das so:

> *„…eine höhere Sectiorate bei den über 40jährigen*
> *Frauen. Im Hinblick auf Geburtsverlauf und Fetal*
> *Outcome lag kein altersabhängiger Unterschied vor.*
> *Obwohl die Älteren ein erhöhtes Risiko für die*
> *Entwicklung eines schwangerschaftsbedingten*
> *Hypertonus (SIH) haben, sind mütterliche*
> *und kindliche Morbidität gleich."*

„Morbidität" klingt kühl, wenn man bedenkt, daß ein gutes Viertel aller „Späten" einen Schnitt am Unterleib davonträgt. Auch wenn die Wunde gut heilt, verursacht sie Beschwerden, Gedanken und Sorgen in der ohnehin anstrengenden „ersten Zeit" danach. Mit „gleicher Morbidität" ist gemeint: „Ältere Mütter haben keinen höheren Blutverlust, sterben nicht dabei und tragen insgesamt nicht häufiger Erkrankungen aus Geburt und Wochenbett davon." Das ist gut und spricht ja auch für eine gute „Operations-Technik" beim Kaiserschnitt heutzutage.

Zu guter Letzt: das Kind

Kinder älterer Mütter haben öfter Chromosomenanomalien: Fehlbildungen, für die ihre Eltern nichts können. Ob es das erste oder dritte Kind ist, spielt keine Rolle, sie nehmen einfach mit steigendem Alter der Mutter zu. Das Alter des Vater ist wenig entscheidend. In der Münchner Studie hatten von 560 „späten Kindern" fünf eine solche Anomalie: vier von diesen fünf hatten ein Down-Syndrom („Mongolismus"). Die fünf Frauen hatten keine Amniozentese oder Chorionbiopsie machen lassen. Von den 615 Kindern der jüngeren Frauen kam nur eines mit dieser Anomalie zur Welt.

Andere Fehlbildungen (wie z. B. Hasenscharte, Herzfehler oder Klumpfuß) kamen bei jüngeren und älteren gleich häufig, je zehnmal, vor.

Wenn man also von den Chrosomenanomalien einmal absieht, können Frauen beruhigt sein, wenn sie sich mit 40 fragen, ob denn ein „spätes Kind von daher" noch zu verantworten ist. Es wird ihren Neugeborenen genausogut gehen, wie wenn sie 10 oder 20 Jahre früher zur Welt gekommen wären. Sie atmen genausogut, ihr Herz ist so gesund, sie sind nicht schwerer oder leichter und sind nicht öfter, vielleicht sogar seltener, Frühgeburten. Sie sind meistens – wie Waltraut das von ihren sagte – die Schönsten, Klügsten, Tollsten.

Auch wenn nicht alles glattging – eine Periduralanästhesie, obwohl alles so natürlich wie möglich laufen sollte, ein Dammschnitt, obwohl keiner geplant war oder ein Kaiserschnitt, weil der Muttermund sich einfach nicht öffnete –, ist die Geburt „erfolgreich": Freude und Erleichterung dürfen sich auch dann einstellen, müssen aber nicht. Körper und Seele sind nach der Geburt labil. Sie machen eine große Umstellung in kurzer Zeit durch. Daher stellen sich neben Glück auch „fremde" Gefühle ein.

VIII. Nicht nur stilles Mutterglück

Über die Zeit nach der Geburt

Ich kam aus der Klinik nach Hause und hab' nur noch geheult", erzählt uns Daniela, 37, die mit Schwangerschaft und Geburt wenig Probleme hatte. „Alles machte ich falsch und nichts schaffte ich. Das Kind schrie nachts, so daß ich kaum schlief. Irgendwie hatte ich gar nichts mehr für mich. Ich wollte aber alles genauso wie vorher schaffen: Familie, Beruf und meine Freizeit. Jetzt ging nichts mehr, und ich war ganz unzufrieden mit mir. Vor zehn Jahren wäre ich wahrscheinlich lockerer damit gewesen. Ich hätte noch nicht so feste Vorstellungen vom Leben gehabt."

Die Kraft und auch die Schwäche

Als das Kind noch drin war, hatte sie sich noch stark gefühlt. Jetzt wurden Erschöpfung und Müdigkeit zu Waltrauts Problem: „Ich hatte den Wunsch, nur einmal ausschlafen zu können. Erst nach der Geburt habe ich meine 44 Jahre gespürt. Ich habe nicht mehr soviel Kraft und brauche mehr Zeit, mich zu erholen."

Heftige Gefühle quälen Anke, 38, die eine vier Wochen alte Tochter hat: „Da habe ich schon mal eine richtige Wut auf die Kleine, wenn sie mich nachts alle zwei Stunden rausholt. Manchmal geh' ich in ein Zimmer, wo ich das Gebrüll nicht mehr hören kann. Aber da krieg' ich ein schlechtes Gewissen. Ich bin wohl nicht das ,dampfende Muttertier'. Jedenfalls ist es nicht nur das stille Mutterglück, wie ich mir das vorgestellt habe."

Der Schlafmangel – so scheint's – trifft ältere stärker als junge Frauen. Und darauf kann man sich kaum vorbereiten.

Viresha, 42, betreut als Hebamme Frauen nach der Entbindung auch zu Hause. Sie kennt die Erschöpfung im Wochenbett bei den Älteren:

Ralph, 46, (…noch ein Kind?) im Gespräch mit Viresha, Hebamme, 42:
…findet die Beziehungen bei den Älteren stabiler.

„Man spürt, daß der Körper schon was hinter sich hat. Der Schlafmangel geht mehr an die Substanz. Und dann die Umstellung: Manche der älteren Paare haben ja vorher als Doppelverdiener ein schickes Leben geführt: Reisen, Klamotten, Ausgehen. Jetzt muß einer den Beruf erst mal zurückstellen und sitzt zu Hause mit dem Kind – nicht immer, aber meistens: die Frau. Da kann's Probleme in der Partnerschaft geben. Dennoch finde ich die Beziehungen bei den Älteren meistens stabiler. Sie haben eine gute Selbsteinschätzung und können vorher beurteilen, wie es mit dem Leben weitergeht."

Das klingt zuversichtlich. Doch ganz am Anfang, in den ersten Tagen und Wochen nach der Geburt, kommt es bei vielen Wöchnerinnen zu unerklärlichen Traurigkeiten, egal, wie alt sie sind. Das sind die

Wochenbettblues

Sie sind keine Störungen (Depressionen), sondern Stimmungstiefs.

„Können Sie diesen Braten mal wegnehmen!" Andrea meinte ihr Kind. Die Wochenstations-Schwester müßte vermuten, daß diese Mutter ihr Kind ablehnt, wären ihr die „Blues" der frischgebackenen Mütter nicht geläufig. Sie nahm das Kind mal mit – ohne Kommentar.

Der plötzliche Hormonsturz ist – ebenso wie umgekehrt die Hormonflut zu Beginn der Schwangerschaft – ein Grund für die Labilität. Ein anderer Grund ist die seelische Bewegtheit über den neuen Zustand. Kinderkriegen ist ja nicht nur die Geburt eines Kindes. Auch das Eltern-Werden hat seine Geburtswehen. Und Mutter-Sein ruft nicht nur dauernde Glückseligkeit hervor, sondern auch Gefühle von Sorge, Verunsicherung und kurzfristiger Fremdheit. Da können Kleinigkeiten mit dem Kind oder einem selbst zu bedrückenden Ereignissen werden.

Christa, 39: „Auf einmal fand ich meinen Sohn richtig häßlich, so dick und mit den roten Flecken im Gesicht. Er war mir fremd geworden. Und dann hatte ich auch noch wunde Brustwarzen vom vielen Saugen. Zum Heulen. Die Verwandten erwarteten wohl, daß ich vor Glück strahle. Keiner hat mich gefragt, wie es mir wirklich geht. Höchstens, ob ich auch genügend Milch hätte."

Stillust und -frust

Aus Unwissenheit oder Nachlässigkeit werden in der Klinik oder zu Hause mitunter Rat„schläge" gegeben, die weh tun.

Eine 37jährige Wöchnerin: „Am zweiten Tag wurde der Kleinen von der Schwester Tee zugefüttert. Sie meinte, ich hätte nicht genügend Milch. Und als mir der Arzt dann noch sagte, daß das Kind abgenommen hätte, war ich ganz deprimiert. Dabei hatte ich mich so aufs Stillen gefreut. Prompt bekam ich einen Milchstau, der sehr schmerzhaft war. Dann hörte ich, das würde doch nichts mehr und wollte aufgeben. Zu Hause hat mich eine Freundin liebevoll beruhigt und mir erzählt, daß sie nach den gleichen Anfangsschwierigkeiten gut stillen konnte. Das hat mir Mut gemacht. Siehe da: Die Milch begann zu fließen."

Wirkliche Stillhindernisse gibt es selten. Aber solche Ungeschicklichkeiten professioneller HelferInnen verunsichern selbst die „starken" Spätgebärenden. So ist unser bester Rat an alle RatgeberInnen im Wochenbett: die Empfindlichkeit der Mütter zu akzeptieren und ihnen zu ihren eigenen Fähigkeiten Mut zu machen.

Dazu aber benötigt das mitunter überforderte Wochenbett-Team selber Unterstützung in Form von Weiterbildung und Supervision.

Es müßte für Wöchnerinnen geradezu verlockend sein, ein paar Tage in der Klinik zu bleiben und nicht das erste Ziel sein, unbedingt ambulant zu entbinden, um einer Bevormundung oder Vernachlässigung zu entfliehen.

Die Unterstützung zu Hause (von Männern, FreundInnen, Geschwistern und frischgebackenen Großeltern) besteht darin, der Frau die zusätzlichen Arbeiten im Haushalt abzunehmen und bloß nicht immer alles besser zu wissen. Die Mutter soll genügend Zeit haben, ihr Kind zu bewundern und sich an den neuen Zustand zu gewöhnen.

Und es kann auch richtig sein, wenn sie das Kind nicht rund um die Uhr stillt, sondern zufüttert. Körperliche Nähe und Geborgenheit kann die Mutter dem Kind auch dann vermitteln, wenn sie nicht stillt.

Hilfreich sind „Stillgruppen", die von stillerfahrenen Müttern, z. B. der „La-Lêche-Liga", geleitet werden (Adressen bei Hebammen und ÄrztInnen).

„Absolut keine Lust"

Wenn wir anläßlich der Nachsorgeuntersuchung (6-8 Wochen nach der Geburt) zur Frage kommen: „Haben sie Probleme mit der Verhütung?", so hören wir nicht selten: „Nein. Aber ich habe auch absolut keine Lust mit meinem Mann zu schlafen. Ist das eigentlich noch normal?"

Manchmal mögen wirklich Probleme in der Partnerschaft dahinter stecken, die sich jetzt – in der neuen Dreiersituation – verschärfen. Und der Mann drängelt, weil er sich plötzlich zurückgesetzt sieht und unausgesprochen darunter leidet.

Meistens ist die Lustlosigkeit aber eine übliche und nach einigen Monaten vorübergehende Erscheinung: Die Mutter ist durch das Kind vereinnahmt und hat eine Zeitlang anderes als Geschlechtsverkehr im Sinn. Die Hormone spielen dabei jedenfalls keine Rolle.

Dabei ist ihr Bedürfnis nach Zärtlichkeiten und Schmuserei oft sogar ganz ausgeprägt. Diese Wünsche kann sie besser an den Mann bringen, wenn sie sicher sein kann, daß das nicht sogleich als Aufforderung zum Geschlechtsverkehr mißverstanden wird.

Christa, 39, drei Kinder: „Sex im engeren Sinn ist deutlich weniger geworden, ist aber kein Problem. Mein Busen ist viel schlaffer geworden, leider."

Mitunter schmerzt noch in den ersten sechs Monaten ein verheilender Dammschnitt, oder die Scheidenhaut ist noch – tatsächlich als Folge eines Östrogenhormonmangels – empfindlich. Eine empfehlenswerte „Karenzzeit" für Geschlechtsverkehr gibt es allerdings nicht: Wenn die Frau Lust hat, ist der richtige Zeitpunkt gekommen.

„Endlich Ruhe für ein Kind"

„Jetzt kann ich in Ruhe alt werden", sagt Doro, die mit 40 eine Tochter mit ihrem neuen Lebenspartner bekam. Ihren Sohn, Bastian, hatte sie gekriegt, als sie noch sehr jung war. Sie hat ihn allein großgezogen und immer gearbeitet. „Auf meinen Beruf kann ich gut verzichten", glaubt sie, „vielleicht fang' ich später wieder damit an."

Wie Doro empfinden viele ältere Mütter. Sie stellen fest, wieviel entspannter sie mit ihrem „neuen" Kind sind: Sie widmen ihm gelassener ihre Zeit. Vielleicht fällt den Älteren das „Angebunden-Sein" leichter. Sie haben nicht so schnell das Gefühl, „etwas Wichtiges draußen" in Kino, Theater, Disco oder Kneipe zu versäumen. Ihre seelische Kraft ist oft mehr als ein Ausgleich für ihre geringere körperliche Belastbarkeit.

Das Gefühl, „in der Falle zu sitzen", kann sich dennoch einstellen: „Ich fühlte mich anfangs nur noch den Babywindeln und dem Kochtopf ausgeliefert, während mein Mann jeden Morgen zur Arbeit ging. Je mehr ich versuchte, auch mal am Schreibtisch zu arbeiten, desto unruhiger wurde das Kind. Jetzt lass' ich es und stelle mich auf Neles Rhythmus ein. Das fällt mir schwer, weil ich fürchte, als ‚alte Mutter' nicht wieder in meinen Beruf reinzukommen. Vielleicht stehen jüngere Frauen doch nicht so unter Erwartungsdruck, etwas leisten zu müssen" (Karin, 40, Chefsekretärin).

Nicht das Alter, sondern die eigenen Ansprüche, das Leben mit allem drum und dran wie vorher in den Griff zu bekommen, können einen sehr behindern. Zwar werden schon während der Schwangerschaft Pläne entwickelt, wie alles zu organisieren sei, um alles auf die Reihe zu bekommen und nicht nur „Mutter Karin" zu sein. Doch plötzlich ist genau das Chaos da, das man bei den ewig abgehetzten Freundinnen zuvor immer verständnislos erlebt hat.

Karin hat Mut und Glück gehabt. Sie ging schließlich zu ihrem Arbeitgeber und einigte sich mit ihm: Sie läßt drei Jahre ihren Arbeitsplatz in Ruhe, nimmt aber an wichtigen Konferenzen und Fortbildungen teil und steigt dann mit 30 Stunden pro Woche wieder ein. Das ist zwar ein Karriereknick, aber in ihren Augen ein guter Kompromiß. So etwas gelingt für gewöhnlich Frauen in qualifizierten Berufen besser.

„Im nachhinein denke ich, warum habe ich mich so schwer getan?" Marianne, 53, und Paul, 65 (Bauernhof, zwei erwachsene Söhne), sind jetzt – vier Jahre nach der Geburt von Katharina – so froh über das ungewünschte Geschenk. Marianne: „In meinem Leben hat sich alles noch einmal geändert. Das war zunächst hart. Aber jetzt bin ich damit sehr, sehr zufrieden. Es ist ein Unterschied zu früher: Da waren die Söhne oft bei den Großeltern, wir hatten viel mit dem Betrieb um die Ohren. Jetzt hat Paul Zeit für seine Tochter, ein ganz glücklicher Vater. Er ist so innig mit ihr. Und auch unsere Beziehung ist besser geworden, inniger. Ich hab' schon mal überlegt, ob es nicht besser wäre, die Kinder erst später zu bekommen."

Paul („spricht nicht so viel über seine Gefühle"), 65: „Vielleicht sollt dat ja so sien: Jetzt hat man endlich mal Ruhe für so'n Kind."

IX. „Meine Mutter ist 60."
„Und meine wäre 104."

Irma & Jenny

Wie alt werde ich sein, wenn mein Kind in die Pubertät kommt? Werde ich mich mit 60 immer noch mit Kindern auseinandersetzen wollen?" Solche Überlegungen machen z. B. auch Ralph, 46, die Entscheidung für ein „spätes", weiteres Kind schwer. Sie hatten bei mehreren unserer GesprächspartnerInnen eine Rolle gespielt.

Wir haben darüber zunächst mit Irma, die 60 geworden ist, und dann mit ihrer 17jährigen Tochter Jenny gesprochen. Tine kennt die beiden schon einige Jahre. Erst jetzt, da wir dieses Buch schreiben, ist ihr Irmas Alter bewußt geworden. Früher war sie einfach eine der Mütter aus der Frauen-Clique, deren Kinder in eine Schulklasse gingen. In der Kneipe wurde abends beim Wein über Väter und Söhne, Töchter und Lehrer und über die Ferien geredet.

Irma: „60 klingt ja ganz schön alt für so ein Buch übers Kinderkriegen, oder? Aber ich fühle mich nicht so. Auch nicht, wenn ich – wie meistens – mit jüngeren Müttern zusammen bin. Jenny hält mich jung. Ich bin erst mit 58 in die Wechseljahre gekommen. Das hat wohl etwas mit dem Schwung in meinem Leben zu tun. Jenny und ich haben ein freundliches Verhältnis zueinander, und ich lerne viel von ihr. Irgendwie wachsen wir beide noch."

Darüber ist auch Jenny froh: „Meine Mutter ist mit ihren 60 besser drauf als manche 40jährigen Eltern meiner Mitschüler. Geschämt habe ich mich jedenfalls nie für ihr Alter. Daß sie offen für andere Ansichten ist und daß ich mich auf sie verlassen kann, finde ich toll an ihr. Sie hört mir zu. Ich glaube, wir lernen beide voneinander. Manchmal vergesse ich, daß sie ja vor allem meine Mutter ist."

Irma hat auch einen erwachsenen Sohn und ist bereits Großmutter von zwei Enkelkindern.

Irma, 60, und Tochter Jenny, 17:
„… irgendwann für die Mutter da sein."

„Ich bin selbst auch Kind einer alten Mutter. Die wäre jetzt 104", erinnert sich Irma. „Sie wuchs in einer Pastorenfamilie auf und hat dann wieder einen Pastor geheiratet. Als sie mich bekam, war sie 44. Ich bin streng und prüde erzogen worden. Wir sollten zu Hause nicht ‚Alle meine Entchen‘ singen, weil es darin heißt: ‚Schwänzchen in die Höh‘… Mit 14 habe ich zu hören bekommen: ‚Ein Mädchen muß so sitzen, als wenn die Beine bis zu den Knien zusammengewachsen wären.‘ Und wenn ich mit Jungs Federball spielte, hat sie schon die Miene verzogen."

Trotz des Erziehungsstreß, so fällt uns auf, ist aus Irma eine freundliche, lebenslustige Frau geworden.

Irma: „Meine Mutter hat ihr Leben nicht gelebt, und ich glaube, das hat sie wirklich alt gemacht. Ich hab' mich in der Schule mitunter für sie geschämt. Mit meinen eigenen Kindern wollte ich später alles anders machen."

Hat sie dann auch. Irma lebte mit der kleinen Jenny und vielen Erwachsenen in einer Wohngemeinschaft auf dem Land. Sie erzählt uns, wie sie mit den Kindern auf die Bäume geklettert ist und wie andere Kinder – brav an der Hand der Eltern – neidisch zuguckten. Oder wie sie mit Jenny „Abenteuerurlaub" machte, bis ihre Tochter irgendwann sagte: „Ich fahr' nicht mehr mit dir in die Ferien. Das ist mir zu stressig."

Übereifer einer alten Mutter?

„Durch mein Leben mit den Kindern habe ich mich von meiner Kindheit befreit", erkennt Irma sehr wohl.

Das kennen viele: Manches von dem, was wir unseren Kindern geben, ist in unserer Phantasie an die eigenen Eltern adressiert: „So hättet ihr mit mir umgehen sollen!"

Manchmal hatte Jenny auch ein bißchen Sehnsucht nach dem „Bürgerlichen": ordentliche Küchenstühle, mal keine Klamotten vom Flohmarkt und etwas mehr Strenge.

Und manchmal denkt sie doch an Irmas Alter:

„Neulich ist die Mutter meiner Freundin gestorben. Sie war erst 47. Da habe ich dran gedacht, daß meine Mutter ja noch viel älter ist und daß ich vielleicht gerade erwachsen bin, wenn sie tot ist. Aber bisher ist sie gesund. Ich muß mir keine konkreten Sorgen machen."

Allerdings macht sich Jenny Gedanken darüber, daß sie irgendwann für ihre Mutter da sein muß. Diese Überlegungen gehen ihr ein paar Jahre früher durch den Kopf als anderen Töchtern oder Söhnen mit jungen Eltern. Und sie denkt daran, wie Irma mit dem Alleinleben zurechtkommt, wenn sie irgendwann von zu Hause auszieht.

Irma zum Schluß: „Schon jetzt ist es mir zuwenig, was wir zusammen machen. Jetzt haben wir einmal im Monat einen Mutter-Tochter-Tag. Wir gehen ins Kino, hinterher gehen wir essen und fahren dann mit dem Taxi nach Hause."

Jenny: „Ich liebe es, wenn wir dann zusammensitzen, Wein trinken, 'ne Zigarette rauchen und uns alles erzählen. Ich habe totales Vertrauen zu ihr."

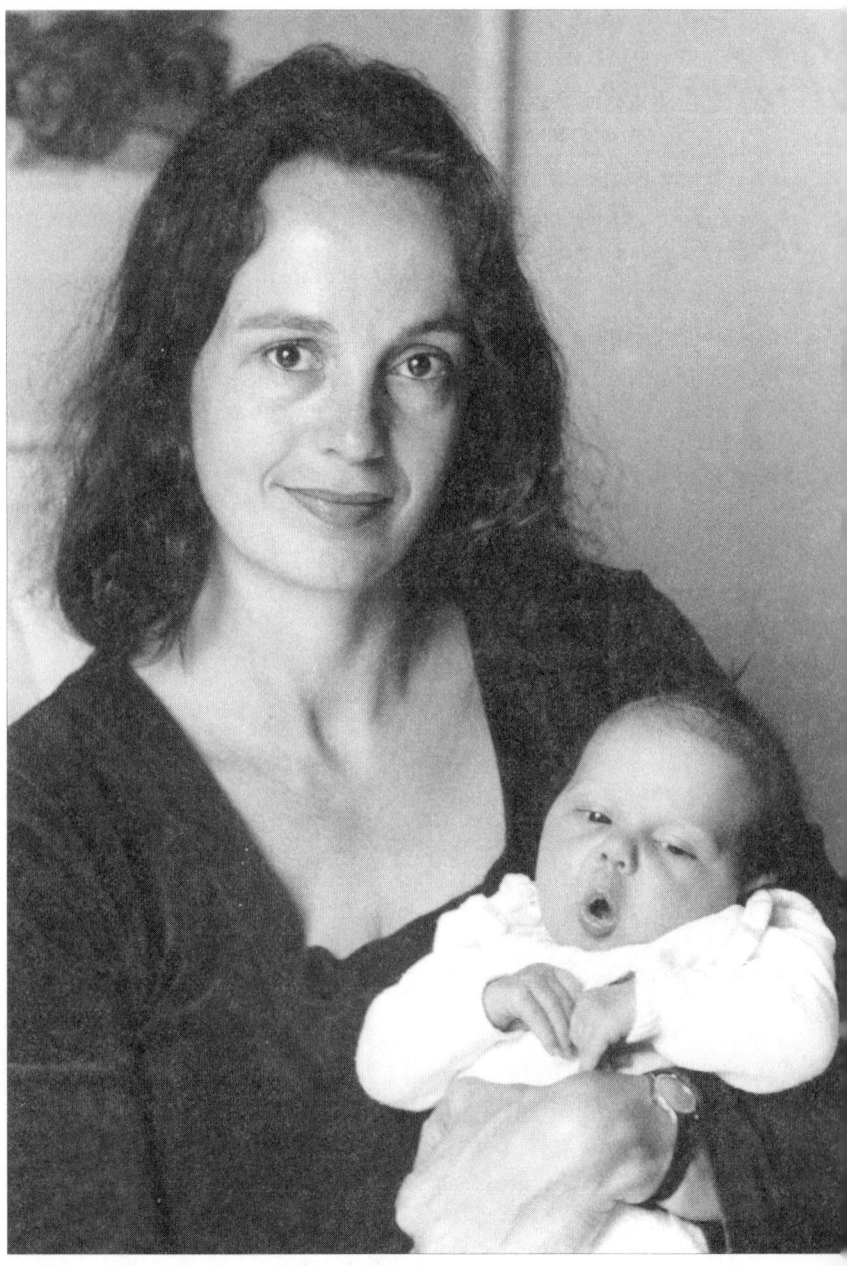

Tine und Ralph zum Schluß:

Männer und Frauen verschieben das Kinderkriegen zunehmend „auf später". Wir haben über die Vor- und Nachteile, die das mit sich bringt, berichtet. Jetzt, nachdem wir das Buch geschrieben haben, sind wir vom möglichen Wert später Elternschaft überzeugt. Wir möchten mal behaupten, daß viele Menschen mit zunehmendem Alter reifer und ihre Lebensbeziehungen stabiler sind. Stabile Eltern aber sind für ein Kind sehr viel wert. Stabilität wissen Kinder geschiedener Eltern am besten zu schätzen.

Die Chefredakteurin einer großen Frauenzeitschrift empfahl uns ein Ausrufezeichen für den Buchtitel. Wir setzen es an den Schluß:

In dem Alter noch ein Kind !

Wir danken

Andrea Patzer, Ellen Burmeister, Elke Franzki, Michael Magunna und Stephan Zörnig für die Durchsicht und Verbesserung unseres Manuskripts,

Frau Dr. Marschner-Schäfer, Viresha Bloemeke und den Herren Priv.-Doz. Dr. Pauli, Prof. Dr. Holzgreve und Dr. Rückert für die Gespräche und wertvollen Hinweise.

Tine, 39, mit Sigrids Tochter Antonia.
„Hätte gern noch eins."

Anhang

1 Christine Nöstlinger in ihrer Einführung zu: „Schwangerschaft als Krise" von Beate Wimmer-Puchinger, Springer-Verlag. 1992.

2 Dazu ein Ratgeber: Gertrud Teusen : „Spätere Heirat nicht ausgeschlossen". Wie finde ich den richtigen Partner? Beltz-Verlag. 1993.

3 Janice LaRouche und Regina Ryan: „Erfolgreich & zufrieden: Frauen im Beruf." Humboldt-Taschenbuchverlag. 1992.

4 Alsen, C.; und Wassermann, O.: „Die gesellschaftliche Relevanz der Umwelttoxikologie." Leben und Umwelt. 1989.

5 Döring, H.-W. : „Unfruchtbar durch Umweltgifte", rororo. 1992.

6 I. Gerhard und B. Runnebaum in „Geburtshilfe und Frauenheilkunde", 52. 1992.

7 Otmar Wassermann u.a., „Die schleichende Vergiftung". Fischer. 1990.

8 in der Fachzeitschrift „Geburtshilfe und Frauenheilkunde", 48 (1988).

9 Hanna Lothrop: „Gute Hoffnung – jähes Ende", Kösel. 1992.

10 Beate Wimmer-Puchinger, „Schwangerschaft als Krise", Springer Verlag. 1992.

11 Wimmer-Puchinger 1982; zitiert nach „Schwangerschaft als Krise". 1992.

12 Aus: Ken Wilber, „Mut und Gnade", Scherz-Verlag. 1992.

13 Buchempfehlungen: – S.Püschel, Kinder mit Down-Syndrom: Wachsen und Lernen, Hrsg. Bundesvereinigung Lebenshilfe für geistig Behinderte e. V. – V. Dmitriev, Frühförderung für „mongoloide" Kinder, BELTZ Quadriga. 1992.

14 Wenn das „Nebenergebnis" zum Hauptgrund für Amniozentesen wird, gibt es schreckliche Entwicklungen: z.B. werden in Indien jedes Jahr Tausende von weiblichen Feten abgetrieben, weil sie das unerwünschte Geschlecht haben.

15 Eva Schindele, „Gläserne Gebärmütter", Frankfurt, 2.Aufl. 1992.

16 Veröffentlicht in „Geburtshilfe und Frauenheilkunde" 53 (1993) 411–415. Georg Thieme Verlag, Stuttgart/New York.

17 Veröffentlicht in Fachzeitschrift: „American Journal of Obstet. and Gynecol." 1993; 168.